素年锦时／民国风情

等待一场姹紫嫣红的 花事

谷盈莹——作品

中国出版集团
现代出版社

目 录 | CONTENTS

目 录 | CONTENTS

序

翻开时光，我们看到八位民国奇女子的传奇人生。时过百年，往事已成云烟，她们的光芒却融化在时间的每一根经纬里，她们的香气仍穿透时间的罅隙。

她们是民国最有范儿的女子，从未输给时光，她们如花且如玉，她们谋生亦谋爱，卓越的生命，总是与命运相向而行，演绎出最美丽的舞蹈。她们的故事或充满温情，或留有遗憾，或激昂高亢，或低调回旋，但她们的人生却有一个共同点：精彩。

梅艳芳在《女人花》中一句"女人如花花似梦"道出了女人一生的美丽与哀愁。乱世中，最不好活的便是才女了吧。她们像荒漠中的玫瑰，脆弱易凋零，然而，在旧礼教与新思想的交锋下，她们又非等闲之辈。

她们才华四溢，总是把世界看得太透；她们各具风韵，牵动着无数才子的情。她们走在艺术的殿堂里，伸手掠一缕清风，诉说一个清新的故事，吐气化一阵香兰，散播一个欲说还休的惊战。

在民国这一季春秋，兼有冬夏魅力的时代。这些可爱的女子用自己独特的人格魅力影响了一代又一代人对美丽的追求和男人对女人的审美，柔软，坚韧，执着，优雅，高贵，自由……似乎所有美好的词用在她们身上都不为过。

朱天文在《世纪末的华丽》里最后一句话说：有一天男人用理论与制度建造的世界将会倒塌，他将以嗅觉和颜色的记忆存活，从这里并与之重建。

是啊，这个世界，因女人的存在而变得无比丰富。

愿她们的故事，成为你的良药。愿这本书成为女孩最靠谱的人间指南。

卷一

花开寂静与世无争——杨绛

青葱岁月梦无痕

"一切快乐的享受属于精神，世界是自己的，与他人无关。"杨绛在自己百岁生日时写下这样的话。于乱世却不争，只坚守内心的宁静与祥和，煮一壶清茶，闲看云卷云舒，这是她的性情之所在。

丈夫钱锺书称她是"最贤的妻，最才的女"。在韶光灿烂的日子里，她陪伴自己的丈夫共同读书求学，看遍美丽风景；在艰难困苦的日子，她放下享受的生活，亲手操持家务，甘愿为钱锺书的创作做一个背后的付出者，为自己的丈夫遮风挡雨。

相濡以沫的数十载春秋岁月留下了两位老人相知相伴的欢声笑语，回忆的浪潮滚滚而来，那些平凡的日子因彼此的存在而点缀斑斑星光。今天的种种美誉和光环背后，是曾经的心酸付出和不懈坚持，杨绛就是在沧桑岁月中养成了一身智慧女性的优雅气韵。

1911年7月11日，盛夏难得清凉，在历史底蕴厚重的北京城，一个女婴的诞生将为日后中国文坛添写上浓墨重彩的一笔。

童年的生活总是润物无声地影响着一个人的性格形成，杨绛恬淡无争的性格正得益于她和谐美满的童年家庭环境。杨绛的父亲叫杨荫杭，曾先后考入北洋公学、南洋公学，后又留学日本和美国，取得早稻田大学法学学士学位和美国宾夕法尼亚大学法学硕士学位。他还创办过无锡励志学社和上海律师公会，担任过江苏省和浙江省的高等审判厅厅长等职，正是父亲身上的博学之气悄然影响着杨绛童年的成长。

杨绛的母亲唐须嫈是江苏无锡人，在上海女子中学上过学，身上兼具传统女性的贤良淑德和现代女性的才识与进步思想。父母都是这等拥有丰富知识背景和良好自身修养的才学之士，两人相敬如宾、举案齐眉，给杨绛和姐弟们营造了一个和谐温馨的成长环境。

杨绛在《回忆我的父亲》一文中说："我父母好像老朋友，我们子女从小到大，没听到他们吵过一次架。旧式夫妇不吵架的也常有，不过女方会有委屈闷在心里，夫妇间的共同语言也不多。我父母却无话不谈……两人一生长河一般的对话，听来好像阅读拉布吕耶尔的《人性与世态》。"

后来后辈吴学昭曾问起杨绛："您父母这种敞开心扉、互通衷曲、相知默契的关系，对你们姊妹有多大影响？"杨绛淡然一笑："我们姐妹中，三个结了婚的，个个都算得贤妻；我们都自愧待丈夫不如母亲对父亲那么和顺，那么体贴周到。"

杨荫杭膝下有八个子女，杨绛排行老四，她上边有三个姐姐，下边有两个弟弟和两个妹妹。杨绛天资聪慧，善解人意，她上不和姐姐争权，下不和弟妹争宠，与父母相处，伶俐乖巧，温顺体贴。

父亲午饭后要休息，一帮小孩十分懂事，自动散去。父亲有一次叫住杨绛说："其实我喜欢有人陪陪，只是别出声。"杨绛乖觉，她拿了一本书，坐在父亲房里，大气不出，静静地翻，遇到要上厕所，或拿什么东西，也是如小猫行地，寂然无声。

父亲一觉醒来，看到小天使般的杨绛默默陪侍在侧，心头一咯噔，瞬间的温暖，岂是俚俗的一件"小棉袄"所能比拟。从此父亲的午休时间，杨绛都会默默地陪伴在侧。冬天的时候，父亲屋里生着通红通红的炉火，火苗要不时加煤，不然就会熄掉。杨绛即使干这种粗活，笨活，也是屏息敛气，出手无声。

杨绛早慧，她小小年纪，就懂得把自己的脚放进父亲的鞋子里，为父亲暖一暖鞋子，懂得从父亲的角度来考虑一切问题，难以相信小小年纪的她就拥有这般细腻入微的心思。

四岁时，杨绛随父母重返北京。回到北京后，最初住在东城，房东是满族，她因此见识了梳"板板头"、穿旗袍、着高底鞋的满族妇女。

她们的高底不是像上海人那样嵌在鞋后跟，而是位于鞋底正中，俗称"高底鞋"，或依其形状称"花盆底"鞋、"马蹄底"鞋。木底一般高五到十厘米，有的高达二十多厘米，但不会超过一尺，所以又称为"寸子"。

满族女子穿上这种鞋，不仅身高陡增好多，而且走起路来，前倾后仰，婀娜多姿。父亲有一次问杨绛："你长大了要不要穿这种高底鞋？"杨绛认真思索了一会答："要！"小杨绛被这种独特的民族服饰所吸引，她第一次真切感受到满族文化的有趣。

杨绛六岁时，进辟才胡同女师大附属小学读书。中午不回家，在学校包饭。一天，小学生们正在用午餐，适逢一批客人进来参观，主陪正是杨绛的三姑母杨荫榆，她当时担任女高师的"学监"。贵客驾临，饭厅一片肃然，小学生们埋头吃饭，鸦雀无声。

杨绛背对着门，没有看清形势，她吃得吧嗒吧嗒，面前掉了不少饭粒。三姑母见状，疾步走到她的跟前，附耳说了一句悄悄话，杨绛醒悟，赶紧把饭粒捡起放进嘴里。旁边的小朋友看了，也照她的样子办。良好的家庭教育，塑造了杨绛沉稳懂事的性格。

1917 年，时任交通部总长许世英涉嫌贪污巨款，杨荫杭将许世英拘捕了一个晚上，无数前来说情的电话都被他拒绝了，铁面无私的杨荫杭第二天就被停职了，之后举家南迁，未再回到北京。

就在他们全家南归的途中，与杨绛最亲近的二姐因为风寒高烧不退，等到家人匆匆赶回时，已经烧得不省人事，最终遗憾地早早离开人世。二姐的离去让幼小的杨绛经历了亲人的生离死别，她更加珍惜与亲人相处的时光。

在杨荫杭看来，孩子不能老是养在身边，得放出去接受教育，去开阔眼界，可妻子却终究是舍不得女儿在外奔波的。

懂事的杨绛明白母亲心里的不舍，但是她更理解父亲对自己寄予的长远期望，最后毅然选择了去上海启明女校上学，这一年，她才9岁。在启明女校的三年时光，杨绛已慢慢适应了群体生活，可以独立处理一些简单的人际关系，无论何时都恪守着父母对自己的严格教导。

有一次，老师需要她帮忙给别人送信，信纸没有密封，小小年纪的她虽然好奇信封里装着什么，却也遵守承诺没有打开。从小在外生活让杨绛养成了独立自主的性格，无论何时，始终以坚强的姿态对待生活中的一切。

文学英才初露锋芒

十六岁时，杨绛就开始在苏州振华女校念书，全家也随之定居苏州。

合家团聚让杨绛兴奋不已，更难得的是，她有了更多的机会受到父亲醍醐灌顶般的亲身教诲，杨绛深受父亲的启发。

有一次，学校推选学生上街宣传，呼吁革命，被选上的杨绛十分为难，其实，她并不想参加这类活动。纠结犹豫之时，她习惯性地回家请教父亲的意见，本以为父亲会来一番责备敦促自己投身革命，却不承想给自己指了另一条道路。

父亲告诉杨绛："去不去由你，只要你有理，就可以说。你知道林肯说的一句话吗？Dare to say no！"正是通过这件事，杨绛深切地认识到人格独立与自由选择的意义，当绝大多数人都在一拥负众地选择盲从，一个属于独立个体的"不"的声音是何等重要。

回到学校后，面对同学和老师们的压力，她坚决果断地说出了自己的真实想法，她不要去。一石激起千层浪，在大家都选择服从的时候，杨绛突然选择了拒绝让大家不禁为之一震，甚至不乏一些抨击的负面声音。

可几天后，当上街的女学生都受到轻薄，大家才开始重新赞赏杨绛在抉择面前的勇敢和真诚。人生路上，诱惑很多，来自各个方面的压力亦很多，敢于拒绝，才能坚持在自己的方向上慢慢前进，否则就容易随波逐流。

在文学方面，杨绛从小就表现出对书籍的特别兴趣，知识海洋里的神秘世界吸引着杨绛探索的脚步。细心的父亲观察到女儿这一爱好，就时不时地把自己认为好的书放在女儿的桌子上，如果长期没有阅读的痕迹，他就收回书。

这种期限压力式的阅读对于提高读书效率非常有效，渐渐地，杨绛养成了限时阅读的好习惯。在父亲的引导下，她开始迷恋书里的世界，在中文之外还尝试快速阅读英文书籍，读书迅速成为她最大的特长。

一次父亲问她："阿季，三天不让你看书，你怎么样？"

她说："不好过。"

"一星期不让你看呢？"

她答："一星期都白活了。"

说完父女会心地笑。在漫漫人生长路里，父亲成了杨绛人生路上的重要导师，不自觉间，杨绛在父亲潜移默化的影响下渐渐成长成才，无论是在读书做人还是在学识道德上，都养成了良好的品质。在民国女子杨绛的背后，隐现的是一个知识分子家庭的良好教育环境。

在振华女校念完中学，杨绛顺利地升上了东吴大学，她是家里第一个上大学的孩子。杨绛的传奇爱情故事，也从大学时代开始一点点铺陈开来。

刚入大学校园的杨绛很受大家欢迎，女同学把她奉为榜样标杆，男同学的追求更是络绎不绝。有一次在阅览室，一位男同学假装喝醉了，给她塞了一封信，结果她对那男生说："你喝酒了，醉了？——信还给你，省得你明天后悔。"震慑于她的冷面冰霜，前来打扰的男生就渐渐少了，她也乐得沉浸在自己的学习世界里，享受知识带给自己的乐趣。

老师给杨绛的批语是"仙童好静"，在英才济济的东吴大学，她很快就从普通同学中脱颖而出，奠定了自己才女的地位。中英文俱佳的杨绛是班上有名的"笔杆子"，东吴大学1928年英文级史和1929年中文级史，都由她"操刀"主笔写就。

除此之外，她还喜欢音乐，能弹月琴，善吹箫，工昆曲。大学期间，自修法文，拜一位比利时的夫人为师，学了一口连清华教授梁宗岱都称赞不已的法语。不过，她早先的愿望是进入清华大学学习外文系，因为当时招生调整，失之交臂，在大学的几年里，她便如饥似渴地学习，经常沉浸在图书馆的文学海洋里，最后，她成功考上了清华大学研究生院的外文系，实现了自己的梦想。

进入清华后，一开学，杨绛一口流利的法语就惊艳了她的法语老师梁宗岱。在得知她的法语是自学之后，梁宗岱更加吃惊不已。虽然主修外文，她还是选修了朱自清的散文。朱自清的第一节散文课上，他特意给学生们留了一个作业，写一篇名为"收脚印"的文章。杨绛的习文得到了朱自清的大加欣赏，并推荐给了《大公报·文艺副刊》的编辑沈从文，作品很快被刊登出来，成了杨绛的处女作。

"每当夕阳西下，黄昏星闪闪发亮的时候，西山一抹浅绛，渐渐晕成橘红，晕成淡黄，晕成浅湖色……风是凉了，地上的影儿也淡了。幽僻处，树下，墙阴，影儿绰绰的，这就是鬼魂收脚印儿的时候了。守着一颗颗星星，先后睁开倦眼。看一弯淡月，浸透黄昏，流散着水银的光。听着草里虫声，凄凉地叫破了夜的岑寂。人静了，远近的窗里，闪着一星星灯火——于是，乘着晚风，悠悠荡荡在横的、直的、曲折的道路上，徘徊着，徘徊着，从错杂的脚印中，辨认着自己的遗迹。"

文字平和却不失力度，游刃有余地游走在景与情之间。从这篇文章开始，再到后来的《璐璐，不用愁！》慢慢开启了杨绛的文学写作之路。

锦绣年华风云起

　　说起清华，除了开启杨绛的文学之路，也为她的感情世界翻开了新篇章。1932年初，东吴大学因学潮停课，21岁的杨绛与朋友四人一起北上京华。当时大家都考上北平的燕京大学，准备一起入学，杨绛临时变卦，毅然去了清华当借读生。

　　母亲后来打趣说："阿季的脚下拴着月下老人的红丝呢，所以心心念念只想考清华。"3月初，杨绛去看望老朋友孙令衔，恰巧孙要去清华看望表兄，这位表兄不是别人，正是钱锺书。偶然的邂逅在四目相接的刹那，一段奇妙而美丽的缘分之旅开始了。

　　两人初见，杨绛眼中的钱锺书身着青布大褂，脚踏毛底布鞋，戴一副老式眼镜，眉宇间"蔚然而深秀"。第一次见面只是匆匆一瞥，甚至没来得及说一句话，但当下都彼此难忘。后来，钱锺书再一次写信给杨绛，约在工字厅相会。一见面，他的第一句话就是："我没有订婚。"杨绛答："我也没有男朋友。"这简单的一对一答间，早已暗示了隐隐的情愫。从此两人便开始鸿雁往来，"越写越勤，一天一封"，直至杨绛觉出"他放假就回家了，我难受了好多时。冷静下来，觉得不好，这是 fall in love 了"。

爱在这对俊男才女之间悄然滋长，他们从志同道合的挚友渐渐成长为心心相念的情侣。

此时，当杨绛与钱锺书沉浸在爱情的蜜意里，他们的相爱却招致了另一个爱慕杨绛的朋友不满。没过多久，费孝通来清华大学找杨绛"吵架"，他认为自己更有资格做杨绛的男朋友，因为他们已做了多年的朋友。

杨绛回应："朋友，可以。但朋友是目的，不是过渡；换句话说，你不是我的男朋友，我不是你的女朋友。若要照你现在的说法，我们不妨绝交。"如此决绝的话语从杨绛口中说出来，费孝通很失望，可是这一番表白也解开了两人之间的嫌隙，费孝通越发佩服杨绛的率真与洒脱。后来他们之间依然保持着良好的挚友关系，成为了文人交往的一段佳话。

1979 年 4 月，中国社会科学院代表团访问美国，钱锺书和费孝通作为代表团成员，不仅一路同行，旅馆住宿也被安排在同一套间。费孝通还主动送钱锺书邮票，让他写家信。

从曾经的"情敌"到如今的"挚友"，钱锺书想想好笑，借《围城》里赵辛楣曾对方鸿渐说的话，跟杨绛开玩笑："我们是'同情人'。"

直到费孝通晚年写文时，还把杨绛称为自己的初恋女友，杨绛直言："费的初恋不是我的初恋。"彻底撇清为暗恋一场。

钱锺书去世后，费孝通去拜访杨绛，送他下楼时，杨绛一语双关："楼梯不好走，你以后也不要再'知难而上'了。"一介女子，面对感情时却表现出难得的理智与坦率，爱则相爱至深，不爱则厘清关系，这亦是杨绛自己独特的人际交往原则。

经过一段时间的书信往来，杨绛对钱锺书发出了邀请，邀请他来家中拜访父母双亲。钱锺书应邀来到了苏州杨绛家，跟杨荫杭深入交谈了一番，颇得杨荫杭的赏识，引得杨父直夸他"人是高明的"。

1935 年 7 月 13 日，钱锺书与杨绛在苏州庙堂巷杨府举行了结婚仪式。多年后，杨绛在文中幽默地回忆道："（《围城》里）结婚穿黑色礼服、白硬领圈给汗水浸得又黄又软的那位新郎，不是别人，正是钟书自己。因为我们结婚的黄道吉日是一年里最热的日子。我们的结婚照上，新人、伴娘、提花篮的女孩子、提纱的男孩子，一个个都像刚被警察拿获的扒手。"

随后钱锺书考取了中英庚款留学奖学金，杨绛毫不犹豫中断清华学业，陪丈夫远赴英法游学。满腹经纶的大才子在生活上却出奇地笨手笨脚，学习之余，杨绛几乎揽下生活里的一切杂事，做饭制衣，翻墙爬窗，无所不能。

杨绛在牛津"坐月子"时，钱锺书在家不时闯"祸"。台灯弄坏了，杨绛说"不要紧"；墨水染了桌布，杨绛说"不要紧"；颧骨生疔了，杨绛说"不要紧"。钱锺书闯下的所有祸都被杨绛的妙手平息。

杨绛的"不要紧"伴随了钱锺书的一生，给了他最安稳的精神支撑。钱的母亲感慨这位儿媳，"笔杆摇得，锅铲握得，在家什么粗活都干，真是上得厅堂，下得厨房，入水能游，出水能跳，钟书痴人痴福。"

在伦敦求学期间，他们拥有了第一个孩子，叫钱瑗，小名阿圆，也是他们唯一的女儿。杨绛心心念念地想要和国内的亲人分享这个喜悦的消息，无奈被战争中断的书信迟迟不能抵达。不久之后等来的却是另一个噩耗，她的母亲在战乱逃亡中去世了。

后来在《忆孩时》中杨绛回忆道："妈妈并不笨，该说她很聪明。她出身富商家，家里也请女先生教读书。她不但新旧小说都能看，还擅长女红。我出生那年，爸爸为她买了一台胜家名牌的缝衣机。她买了衣料自己裁，自己缝，在缝衣机上缝，一会儿就做出一套衣裤。妈妈缝纫之余，常爱看看小说，旧小说如《缀白裘》，她看得咻咻地笑。"

然而就是这样一位有趣的母亲，远在异国的杨绛终究没能见上她最后一面，只能以文字的方式，向母亲致以缅怀敬意。

1937 年上海沦陷，第二年，两人携女回国。钱锺书在清华谋得教职，到昆明的西南联大上课，而杨绛留在上海，在老校长王季玉的力邀下，担任了母校振华女中的校长，这也是她生平唯一一次做"行政干部"，其实一贯自谦"不懂政治"的杨绛，正毕业于东吴大学的政治系。

1945 年的一天，日本人突然上门，杨绛泰然周旋，第一时间藏好钱先生的手稿，成功躲过了日兵的搜查。新中国成立后至清华任教，她带着钱锺书主动拜访沈从文和张兆和，愿意修好两家关系，因为钱锺书曾作文讽刺沈从文收集假古董。钱家与林徽因家的猫咪打架，钱锺书拿起木棍要为自家猫咪助威，杨绛连忙劝止，她说林的猫是她们家"爱的焦点"，打猫得看主人面。杨绛的沉稳周到，是痴气十足的钱锺书与外界打交道的一道润滑剂。

杨绛的处事周到帮钱锺书很好地处理了人际关系。家有贤妻，无疑是钱锺书成就事业与人生的最有力支持。1946 年初版的短篇小说集《人·兽·鬼》出版后，在自留的样书上，钱锺书为妻子写下这样真挚的情话："赠予杨季康，绝无仅有的结合了各不相容的三者：妻子、情人、朋友。"

钱锺书的小说《围城》被搬上银幕前，导演黄蜀芹曾专门来征询夫妇俩。杨绛边读剧本，边逐段写出修改意见。电视剧果然名声大噪，一时在全国掀起热潮，而出现在每集片头的那段著名的旁白——"围在城里的想逃出来，城外的人想冲进去。对婚姻也罢，职业也罢。人生的愿望大都如此。"被无数人引用，实际上就出自杨绛之手，她可谓是最懂《围城》的人。

许多年前，杨绛读到英国传记作家概括最理想的婚姻："我见到她之前，从未想到要结婚；我娶了她几十年，从未后悔娶她；也未想过要娶别的女人。"把它念给钱锺书听，钱当即回说："我和他一样"，杨绛幸福地笑了："我也一样。"

杨绛在清华没能拿到硕士学位，后陪钱锺书西方游学，也未攻读任何学位，但她一路旁听，一路自修，坐拥书城，遍读乔叟以降的英国文学，还不时和丈夫展开读书竞赛。两人回到家中无事，便对坐读书，还常常一同背诗玩儿，发现如果两人同把诗句中的某一个字忘了，怎么凑也不合适，那个字准是全诗中最欠贴切的字，"妥帖的字，有黏性，忘不了。"

钱锺书从昆明回上海后想写《围城》，杨绛甘做"灶下婢"，辅佐夫君全力搞创作，闲时在陈麟瑞、李健吾等人的鼓动下，尝试写了部四幕剧《称心如意》。没想这位自称业余的剧坛新手"出手不凡"，第二年《称心如意》在金都大戏院上演时"引来阵阵喝彩声"，一鸣惊人，她所署的笔名"杨绛"也就此叫开。

此后，杨绛又接连创作了喜剧《弄真成假》《游戏人间》和悲剧《风絮》，讽刺幽默，流畅俏皮，颇有英式戏剧的风格。杨绛的父亲和姐妹一同去看了《弄真成假》，听到全场哄笑，问杨绛："全是你编的？"她点头，父亲笑说："憨哉！"1945 年，夏衍看了杨绛的剧作，顿觉耳目一新，说："你们都捧钱锺书，我却要捧杨绛！"

1966 年，"文化大革命"的浪潮席卷全国，知识分子成了批判的首要对象。钱锺书和杨绛都被革命群众"揪出来"，成了"牛鬼神蛇"，被整得苦不堪言，杨绛还被人剃了"阴阳头"。

对一个出身名门的女子来说这简直是莫大的耻辱，可是杨绛很快调整了心理状态，连夜赶做了个假发套，第二天照常出门买菜。她被分配的改造任务是清洗厕所，污垢重重的女厕所被她擦得焕然一新，毫无秽气，进来的女同志都大吃一惊。杨绛特意把便池帽擦得一尘不染，闲时就坐在上面掏出书看，倒也无人打扰。

1969 年，杨绛与钱锺书被下放至干校学习劳动改造，杨绛被安排种菜。这一年她已年近六十岁了。钱锺书担任干校通信员，每天他去邮电所取信的时候就会特意走菜园的东边，与她"菜园相会"。

在翻译家叶廷芳的印象里，杨绛白天看管菜园，她就利用这个时间，坐在小马扎上，用膝盖当写字台，看书或写东西。而与杨绛一同下放的同伴回忆，"你看不出她忧郁或悲愤，总是笑嘻嘻的，说'文革'对我最大的教育就是与群众打成一片。"其实，十年"文革"间钱杨夫妇备受折磨，杨绛最亲的小妹妹杨必被逼得心脏衰竭辞世，女婿王得一也在批斗中不堪受辱自杀，纵然亲人纷纷离世，沉重的伤悲并未把两人压垮。

在此期间，钱锺书仍写出了宏大精深的古籍评论著作《管锥篇》，而杨绛也翻译完成了讽刺小说的巅峰之作——八卷本的《堂·吉诃德》。从干校回来八年后，杨绛动笔写就了《干校六记》，名字仿拟自沈复的《浮生六记》，记录了干校日常生活的点滴。

这本书自 1981 年出版以来在国内外引起极大反响，胡乔木很喜欢，曾对它下了十六字考语："怨而不怒，哀而不伤，缠绵悱恻，句句真话。"赞赏杨绛文字朴实简白，笔调冷峻，无一句呼天抢地的控诉，无一句阴郁深重的怨恨，以一种淡然而理性的笔触道来一个年代的荒谬与残酷。

女儿钱瑗一语道破："妈妈的散文像清茶，一道道加水，还是芳香沁人。爸爸的散文像咖啡加洋酒，浓烈、刺激，喝完就完了。"不过书付梓出版之后，却只能在柜台底下卖。

消磨绚烂归平淡

　　杨绛的翻译生涯最早追溯到清华读研时，钱锺书的老师叶公超请她到家里吃饭，饭后拿出一本英文刊物，让杨绛译出其中一篇政论《共产主义是不可避免的吗？》。她当时心想：莫非叶先生是要考考钱锺书的未婚妻？在此之前，她英文虽棒，也从未学过、做过翻译，但也只得硬着头皮"应考"。交稿时叶公超却连连称赞"很好"，推举发表到《新月》杂志。从此杨绛一发不可收拾，走上了翻译的道路。她翻译的47万字的法国小说《吉尔·布拉斯》，受到朱光潜的高度称赞：我国散文（小说）翻译杨绛最好。

　　1958年，47岁的杨绛，利用大会小会间隙开始自学西班牙语，打算从原文翻译《堂·吉诃德》。译稿历经"文革"的摧残，"被没收、丢弃在废纸堆里"，最后"九死一生"，逃过劫难。

1978 年 4 月，杨绛翻译的《堂·吉诃德》出版。同年 6 月，西班牙国王和王后访华，她应邀参加国宴。邓小平惊讶道："《堂·吉诃德》是什么时候翻译的？"此事一言难尽，杨绛忙于和西班牙皇室握手，无暇细谈，只好答非所问："今年出版的。"1986 年 10 月，西班牙国王专门奖给 75 岁的杨绛一枚"智慧国王阿方索十世十字勋章"，以表彰她的杰出贡献。

写于 1980 年的《洗澡》，是杨绛迄今为止唯一一部长篇小说。"洗澡"是新中国成立之初"三反"运动中的专有名词，指的是知识分子需要对自己思想"肮脏"面彻底"清洗"，一部《洗澡》淋漓尽致地展现了各类知识分子在运动期间的众生相。这部 18 万字的小说被施蛰存誉为"半部《红楼梦》加上半部《儒林外史》。"

从 1994 年开始，钱锺书住进医院，缠绵病榻，全靠杨绛一人悉心照料。不久，女儿钱瑗也病重住院，与钱锺书相隔大半个北京城，当时八十多岁的杨绛来回奔波，辛苦异常。

后来钱锺书已病到不能进食，只能靠鼻饲，医院提供的匀浆不适宜吃，杨绛就亲自来做，做各种鸡鱼蔬菜泥，炖各种汤，鸡胸肉要剔得一根筋没有，鱼肉一根小刺都不能有。"钟书病中，我只求比他多活一年。照顾人，男不如女。我尽力保养自己，争求'夫在先，妻在后'，错了次序就糟糕了。"

然而命运在这个老人身上的考验接踵而至，1997 年，在钱锺书病重期间，被杨绛称为"我平生唯一杰作"的爱女钱瑗去世。

一年后，钱锺书临终，一眼未合好，杨绛附他耳边说："你放心，有我哪！"内心之沉稳与强大，令人肃然起敬。"钟书逃走了，我也想逃走，但是逃到哪里去呢？我压根儿不能逃，得留在人世间，打扫现场，尽我应尽的责任。"

当年已近九十高龄的杨绛开始翻译柏拉图的《斐多》。2003 年，《我们仨》出版问世，这本书写尽了她对丈夫和女儿最深切绵长的怀念，感动了无数中国人。而时隔四年，96 岁高龄的杨绛又意想不到地推出一本散文集《走到人生边上》，探讨人生的价值和灵魂的去向，被评论家称赞："九十六岁的文字，竟具有初生婴儿的纯真和美丽。"

走到人生的边上，她愈战愈勇，唯愿"死者如生，生者无愧"——钱锺书留下的几麻袋天书般的手稿与中外文笔记，多达7万余页，也被杨绛接手过来，陆续整理得井井有条：2003年出版了3卷《容安馆札记》，178册外文笔记，20卷的《钱锺书手稿集·中文笔记》也即将面世。这位百岁老人的意志和精力，让所有人惊叹。

这是她一贯身心修养的成果。据杨绛的亲戚讲述，她严格控制饮食，少吃油腻，喜欢买了大棒骨敲碎煮汤，再将汤煮黑木耳，每天一小碗，以保持骨骼硬朗。她还习惯每日早上散步、做大雁功，时常徘徊树下，低吟浅咏，呼吸新鲜空气。

高龄后，改为每天在家里慢走7000步，直到现在还能弯腰手碰到地面，腿脚也很灵活，当然更多的秘诀来自内心的安宁与淡泊。杨绛有篇散文名为《隐身衣》，文中直抒她和钱锺书最想要的"仙家法宝"莫过于"隐身衣"，隐于世事喧哗之外，陶陶然专心治学。

生活中的她的确几近"隐身"，低调至极，几乎婉拒一切媒体的来访。2004年《杨绛文集》出版，出版社准备大张旗鼓筹划其作品研讨会，杨绛打了个比方风趣回绝："稿子交出去了，卖书就不是我该管的事了。我只是一滴清水，不是肥皂水，不能吹泡泡。"

钱锺书去世后，杨绛以全家三人的名义，将高达八百多万元的稿费和版税全部捐赠给母校清华大学，设立了"好读书"奖学金。杨绛与钱锺书一样，出了名的不喜过生日，九十岁寿辰时，为逃避打扰她还专门躲进清华大学招待所住了几日"避寿"。

她早就借翻译英国诗人兰德那首著名的诗，写下自己无声的心语："我和谁都不争、和谁争我都不屑；我爱大自然，其次就是艺术；我双手烤着生命之火取暖；火萎了，我也准备走了。"

北京三里河一个属于国务院的宿舍小区，全是三层楼的老房子，几百户中唯一一家没有封闭阳台、也没有室内装修的寓所——为了坐在屋里能够看到一片蓝天——这便是杨绛的栖身之处。

自 1977 年一家人搬进来，她就再没离开过。一晃三十多年了，曾经的"我们仨"，只剩下这位百岁老人，她有时也会喃喃自语："家在哪里，我不知道，我还在寻觅归途。"但从那时起，杨绛就把这间寓所称为"人生的客栈"，欢乐与伤悲来来往往，都成了过客，已没有什么可以扰乱她平静的心灵。

　　杨绛独自一人全身心整理钱锺书的学术遗物——她把这叫作"打扫现场"，每日的生活简单而规律，笔耕不辍，深居简出。在她身上，人们往往忘掉时间的残酷：一百年无情而漫长，而这位女性始终一如既往的柔韧、清朗、独立，充满力量，也用这个方式反馈给这个世界无尽的温暖与力量。

卷二

梨园里的广陵绝响——孟小冬

梨园新秀的闪耀登场

回眸民国时期的梨园舞台，梅兰芳、程砚秋的鼎鼎大名在历史天空中回响，而提及孟小冬却鲜有人知。在电影《梅兰芳》里，孟小冬的扮演者是章子怡，扮相干净清爽，温柔却不失傲骨，生动而细腻地传达出孟小冬的神态情感。从那时起，孟小冬作为梨园名角梅兰芳身边的陪衬才开始渐渐走入人们的视线。

从最初的梅兰芳到后来的杜月笙，围绕在孟小冬身边的这些男子的光环夺目，当人们剥去浮云，剔除那些头衔与名号，还原一个真实的孟小冬之时，才发现这个刚毅而出色的弱女子身上竟然散发着别致的光芒。

　　戏剧界的孟小冬，拥有无可争辩的主角地位，她出身梨园世家，祖父、父、叔、伯皆为有名的京剧演员。她师从著名京剧老生余叔岩，十二岁登台献唱，年纪轻轻台风便能与著名老生相媲美，被誉为戏剧界的"冬皇"。

　　而生活中的她，始终是一个配角，寡言少语似乎并没有给世间留下太多的直接印象，人们往往只能通过旁人的生活去认识这位传奇的女子。

　　生命的初始和凋落像是一个轮回，人的一生不停地走走停停，寻找最初的足迹。我们虔诚地探索着生命的神秘，欣赏沿途的风景，只盼岁月温柔相待，一切安好。童年总是充满明快的色彩，可对于孟小冬来说，童年的她在经历了各种人世沧桑之后已经表现出超越同龄人的成熟。

　　孟小冬乃北平城郊宛平县人，出身梨园世家。孟氏门中三代共出了九位皮簧戏、京剧名角。那一年，年仅七岁的孟小冬得到开蒙，跟着姨夫仇月祥学唱孙派老生，并依照科班收徒的规矩，签了 8 年的卖身契。她天生一副不带雌音且洪亮的好嗓子加上极佳的悟性和辛苦的付出，很快得到些许的回报。

1916 年，9 岁的孟小冬在上海哈同花园首次登台演出堂会戏《乌盆记》，大获好评。1919 年，12 岁的孟小冬随王家髦儿戏班到无锡的新世界屋顶花园演出，先后演了四个月，连演 130 场，很快就成了戏班的主角。

当时《锡报》剧评栏目评论道："孟小冬十二岁能唱谭派各调，亦天才也。"从童年即在舞台上扮演帝王将相、壮士义仆的戏曲生活在孟小冬的成长过程中起了重要的作用，孟小冬的性格受到了深刻的影响，其一生的刚烈孤傲、宁折不弯，兴许便是在那时受影响渐渐形成的。

孟小冬努力撑起的小天空很快融入进更大的世界，或许这就是一种努力与幸运的乘数效应吧。

1919 年底，原本在城隍庙劝业场"小世界"唱戏的孟小冬被"大世界"游乐场的老板黄楚九发现，重金挖了过来。但由于孟小冬与"小世界"的合同未满，那一年，孟小冬在两个"世界"间来回奔波。

那时的戏剧对于她来说，更多的是为了生活。据说，当时上海滩的著名风云人物杜月笙慕孟小冬的大名而来，也追随其奔波于两个剧场之间。他们的初次相见，便是在"大世界"的后台，彼时孟小冬还是个懵懂少女，年长她 20 岁的杜月笙也刚刚在上海滩崭露头角。不过彼时的杜月笙，还仅仅只是站在一个欣赏者的角度观看孟小冬的表演。她在他的心中，是犹如女神一般的存在。

青春是能量和希望共存的时期，在戏剧的世界里徜徉的这些年，演戏对于孟小冬来说，已经成为一种深入骨髓的习惯，在那段坎坷的岁月里，孤单的她和戏曲相伴成长着，因为心中有所念，她才始终没有与现实妥协，在隐忍与坚强中愈发光彩夺目。

1920 年底，在杜月笙的帮助下，孟小冬搭班黄金荣的共舞台，正式开始在大戏院演出。此后凡有孟小冬的戏，杜月笙必到场。几年下来，孟小冬在上海滩颇有名气，但当时京剧行里有一句话："情愿在北京数十吊一天，不愿在沪上数千元一月。盖上海人三百口同声说好，固不及北边识字者之一字也。"孟小冬渴望成角儿，杜月笙也愿意出资成全。1925 年，18 岁的孟小冬与武生白玉昆搭班北上，隐约感觉前方等待她的是更大的舞台。

那时京剧界里，女演员的地位还很低，孟小冬初到北京也只能在前门外大栅栏的戏园子演戏。然而勤苦好学的她获得了向各路名家学艺的机会，渐渐唱出了名气。

孟小冬青年时期的照片，气质出众，眉宇间隐隐有股英气。据说她从不施粉黛，言谈举止落落大方，完全没有旧戏班里坤伶那种娇滴滴的妖艳。舞台上的她被当时的剧评人评价为"生得一副好嗓子，最难得的是没有雌音，这在千千万万人里是难得一见的，在女须生地界，不敢说后无来者，至少可说是前无古人。"连一向反对旧剧的胡适留学归来后看到孟小冬的表演，也忍不住赞叹道："身段、扮相、做工毫无女子之气，真是好极了。"

一时间对梨园新秀孟小冬的溢美之词扑面而来，袁世凯的女婿、剧评人薛观澜曾将孟小冬的姿色与清末民初的雪艳琴、陆素娟、露兰春等十位以美貌著称的坤伶相比，结论是"无一能及孟小冬。"

少女心中的梅孟之缘

说起来，这一年杜月笙和孟小冬之间还发生过一个小插曲。

1925 年深秋，孟小冬的师傅黄金荣与妻子露兰春婚姻破裂，两人分手时约定了两件事：

第一，露兰春不再登台唱戏；

其二，亦不允许露兰春离开上海。

不过这样的约定并没有束缚住露兰春自己的选择，在与黄金荣离婚后，她便在杜月笙的帮助下逃离上海，获知消息的黄金荣十分愤怒，听闻露兰春出现在北京的消息，便坚持让杜月笙前往北京找回露兰春。

　　带着两名年轻力壮的徒弟，杜月笙带着黄金荣的嘱托乘北上的列车直抵京城。翻涌的人群与陌生的环境，让他们出了火车站一时不知所措。偌大的北京城藏匿一个女子实在是太容易了，来到北京的杜月笙无从下手，于是决定先落脚孟小冬处，再另做打算。正是这个契机促成了与孟小冬的第一次见面。

　　于是，经过多方打听，上海滩赫赫有名的头面人物杜月笙身着西装革履，恭敬地站在孟小冬的家门前。当色艺俱佳的孟小冬出现在杜月笙面前时，便如磁铁般地深深吸引了他。以至多年后年老的杜月笙回忆起来，仍然说第一次见面自己是心动的。

　　山有木兮木有枝，心悦君兮君不知。杜月笙内心的悸动并未使孟小冬心里泛起涟漪，反而是京剧大师梅兰芳，让孟小冬念念不忘。

　　1925 年 8 月，京剧界取消了男女不同台的限制，此乃梨园界的一大改革。孟小冬参加了北京第一舞台的盛大义演，与裘桂仙合演《上天台》，那一天的大轴正是梅兰芳、杨小楼的《霸王别姬》。梅兰芳的大名当时在梨园如雷贯耳，孟小冬也仰慕叙旧。当天在后台，梅孟初相遇，擦肩而过时，孟小冬点头叫了声"梅老板"。那一刻，她的脸上拂过一片红晕，眉宇间不胜娇羞。

1926 年的一日，北平政要王克敏过五十大寿，城内数得着的大人物几乎全都赶来为其祝寿。在众多来宾中，不乏名伶俊秀，孟小冬和梅兰芳就在被邀请之列。

席间，有人提议梅、孟合演一出《游龙戏凤》："一个是须生之皇，一个是旦角之王，王皇同场，珠联璧合。"二人也不推辞，当即换装上台演出，大获好评。此后梅兰芳每每演出《游龙戏凤》都会邀请孟小冬合演，珠联璧合，赢得满堂喝彩。

这正是所谓乾旦坤生，颠倒阴阳，其中自有独到之处。一些梅兰芳的"铁杆粉丝"更是跃跃欲试，要为这对"舞台情侣"谋划一段现实的婚姻。

然而，此时的梅兰芳已有两房太太——王明华与福芝芳。前者身染肺病，常年卧床不起，后者是京剧名家，有"天桥梅兰芳"之称。

王明华与梅兰芳是包办婚姻，但婚后感情很好，在日常的生活起居和演出应酬方面，王明华也是梅兰芳的得力助手。在为梅兰芳诞下一子一女后，领时代风气之先的王明华，决定做绝育手术。但没想到不久以后两个孩子相继夭折，经历丧子之痛的王明华一病不起。

梅兰芳不仅是单传，还因其伯父无子，肩负着为两房传宗接代的使命。于是，在冯耿光的撮合下，又娶了福芝芳，兼祧两房都算是正妻。

梅兰芳身边有个"梅党"，是他的智囊团，从艺术到生活，梅兰芳尽受其影响，或者说"控制"，梅党的头号人物就是冯耿光。冯耿光毕业于日本陆军士官学校，归国后担任中国银行的董事长，在梅兰芳最困难的时候，是梅的经济支柱。梅兰芳一生中所有大事，都有冯耿光的参与，其中就包括梅兰芳的婚姻。

福芝芳从前在天桥唱戏，母亲是旗人，脾气大、擅武功，闹义和团的时候，她能手持大刀，上房顶。福芝芳在天桥唱出名气后，被称为"天桥梅兰芳"。母亲每天护送女儿去唱戏，有粉丝往马车里扔情书，老太太就和赶马车的并肩而坐，有人往车里扔东西，她就直接挥鞭子抽人，威名远播。

冯耿光觉得"有其母必有其女"，福芝芳的直率也定能为梅兰芳处理好家长里短，从而让梅兰芳专心发展事业。在冯耿光的撮合下，梅兰芳与福芝芳开始接触，梅兰芳也渐渐被福芝芳的"天然妙目，正大仙容"之姿所打动。1921年冬，梅兰芳与福芝芳结为夫妻。婚后福芝芳为梅兰芳养育了四个孩子。

遇见孟小冬，梅兰芳打心眼里喜欢。对一个演员来说，整日在台上演别人的故事，很难有时间静下来聆听自己内心的声音。而这种悸动的感觉更是多年没有体会过了。舞台上的打情骂俏，让看戏人拍手叫绝，演戏人不能自拔。

戏假情真，梅孟二人很快坠入了爱河。1926年秋，梅兰芳和孟小冬专门到天津井上医院看望在那里住院治疗的原配夫人王明华。王明华取下戒指戴到了孟小冬的纤纤玉指上，表示了认可。更有好事者作诗云：真疑是戏戏疑真，红袖青衫俩俊人。难怪梅岭开最好，孟冬恰属小阳春。

1927 年春，19 岁的孟小冬在事业最风生水起的时候，选择爱情与婚姻，不顾满城风雨嫁给了 33 岁的梅兰芳。婚礼在冯耿光的家中举行，婚后梅兰芳在城东内务部街租了一个院落，与孟小冬过起了金屋藏娇的生活。

婚后他们度过了一段短暂而快乐的时光。有一张老照片：梅兰芳用手指比出一个鹅头，映在墙壁上，一边是孟小冬的题字："你在那里作什么啊？"另一边写着梅兰芳的回答："我在这里作鹅影呢。"一唱一和，流露着有情人的浓浓爱意。

嫁给梅兰芳，自然就不能再抛头露面，登台唱戏。梅兰芳为孟小冬请了琴师在家吊嗓子，还学习绘画和书法，两人虽偶尔有拌嘴之事，却也能在平凡生活中体会到简单的生活乐趣。梅兰芳曾回忆起这样一件事："有一次外出吃饭，孟小冬先说要去东来顺，中途嫌不好，又改说去丰泽园，依旧不乐意。最后还是在家吃的饭。"

从情感裂纹到悬崖边缘

作为梅家的正房，福芝芳对丈夫"金屋藏娇"的事自然一清二楚，但她向来是一个识大体、有城府的俊俏女子，又怎会不知此时与丈夫挑明对自己有百弊而无一益？她对此事不闻不问，任由梅兰芳自由往来，但内心却对分享丈夫感情的孟小冬积郁着不满，只是这种情绪只能暗藏不能爆发，她在等待一个时机。

然而 1927 年 9 月发生的一起"血案"却将新婚燕尔的梅孟二人从甜蜜中惊醒了。

京城达官之子王惟琛一直是孟小冬的戏迷，在得知孟小冬嫁给梅兰芳后，他痛苦不堪，终有一日失去理智，携枪闯入冯公馆，吵叫着要找梅兰芳讲理。恰逢梅兰芳与朋友聚会，《大陆晚报》经理张汉举自告奋勇地出去与王惟琛交涉。但刚一见面，就被王惟琛用枪抵住扣作了人质。

王惟琛先要梅兰芳出来论理，后又要梅兰芳拿出 10 万元赔偿他失去孟小冬的精神损失。其时，梅家一面筹钱，一面报警。待梅家将钱筹齐时，军警已将宅子团团围住。用人将钱扔给王惟琛，后者在拿到钱后发现被军警包围，情急中向张汉举开了枪。军警见状，举枪齐射，将王惟琛打死，后又将其枭首示众。

命案的阴影未散，1930 年，梅兰芳赴美演出一事又引出了一场风波。

梅兰芳到底会带谁访问美国，谁将会在全世界面前以"梅夫人"的身份亮相？齐如山的儿子齐香回忆说："筹备赴美演出的礼物中，还有一些墨盒、砚台等小工艺品，墨盒上都刻有图像，给我印象最深的是孟小冬扮的古装像。她本是演老生的，这幅画面却是扮的古装妇女，十分漂亮。"这似乎说明梅兰芳有意带孟小冬同行。

然而，为了能够随梅兰芳出访，怀有身孕的福芝芳竟私自请医生为之堕胎，这一事件激化了家庭内部矛盾。最后为平息风波，梅兰芳决定只身赴美。

一波未平一波又起。1930 年 8 月，访美回国的梅兰芳一到天津即获大伯母去世的噩耗。按照规矩，梅兰芳的妻房应在孝堂披麻戴孝，接待前来吊唁的宾客。哪知剪了短发，头戴白花的孟小冬却在梅宅门口被福芝芳的人拦住，不得入内。

据余叔岩的女儿余慧清回忆："据我所知，捧梅集团又因为两个妾的关系分为捧福派和捧孟派。梅的原配夫人王氏在世时，孟小冬与她比较合得来；王氏夫人故世后，在捧福派和捧孟派的较量中，前者占了上风。孟小冬不甘继续作妾，遂离婚出走。"

从冯宅血案到戴孝风波，各种各样的事情已使孟小冬疲惫不堪。有着梅夫人的名却不曾踏进梅宅一步，这对任何一个女人来说都是残忍的，更何况是这样一个才貌俱佳又性格强健的女子。

晚年居住在香港的孟小冬曾经对人讲过，因为梅兰芳不能答应兼桃，所以她滑脚溜了。听起来似乎还带着些许轻松诙谐的口气。可当年的情状却远没这般轻描淡写。

孟小冬 19 岁嫁给梅兰芳，离开舞台 4 年，早已断了生活来源。为离婚一事，她向梅兰芳索要补偿金，但这让因访美亏空了一大笔钱的梅兰芳颇为为难。在杜月笙的出面调停下，双方最终达成协议，由梅兰芳一次性付给孟小冬 4 万块钱，从此二人再无瓜葛。

关于当时的那笔款子，除了上述"赡养费说"外，还有两种说法：

一是还债说，梅兰芳访美归来后得知孟小冬在天津欠了债，虽然已经分手，但仍然给了她几万元用以还债；

一是比较说，在赴美前夕，梅兰芳分别给了福芝芳和孟小冬几万元钱。等他自大洋彼岸归来时发现，孟小冬的钱早已用尽，而福芝芳除了将家里照料得井井有条外，钱还剩了许多。梅兰芳由此忽然觉悟真正宜于家室的是福芝芳，于是与孟小冬分手。

对于二人分手的真正原因后人不得而知，但孟小冬与梅兰芳之间的爱情裂纹已到了无可弥补的境地。

1934年正月，梅兰芳去汉口演出，名票南铁生接待，下榻扬子江饭店，见梅满面倦怠，以为是远路风尘之故。梅兰芳告诉他："这次来汉口两期演出的包银是三万大洋。原也算不得什么，想把它送给孟小冬，做最后的了断。只有处理完了这些事，今后对大家都好，我也好静下心来研习。和她生活在一起，总是顾虑重重，就算这回是白唱。"

孟小冬则在结束这段维系了四年的婚姻时对梅兰芳说："请你放心。我不要你的钱。我今后要么不唱戏，再唱戏不会比你差；今后要么不嫁人，再嫁人也绝不会比你差！"

劳燕分飞，曲终人散是这段旷世奇恋的结局。梅党中坚人士一致认为孟小冬为人心高气傲，她需要人服侍，而福芝芳随和大气，可以服侍人。福芝芳与孟小冬无声的博弈以"会服侍人"终结，这是孟梅的结局也是当时女性地位的生动写照。

再也无力让时光流转倒回，所以每一眼都是别离，每一天都是遗憾。在这段爱情里，没有胜利的人没有失败的人，有的只是两个不同寻找的人的身不由己。

就像电影《梅兰芳》中福芝芳说的："他（梅兰芳）所有的一切都是从这份孤单里出来的，谁要是毁了他的孤单，谁就是毁了他。"孟小冬的出现用其温情弥补了梅兰芳的孤单，可是，这也意味着梅郎艺术造诣的停滞。

孟小冬在与梅兰芳分手后绝食生病，避居津沽，甚至一度于天津居士林皈依佛门，却偏偏没有再说出半句乞求怜悯的话语。此后，有梅兰芳现身的演出、堂会、剪彩，孟小冬都避而不见。1931年杜家祠堂落成堂会中，南北名伶汇聚一堂，孟小冬也因梅兰芳在场，避而不出。

1933年，孟小冬亲自写了《孟小冬紧要启事》，用词温和，没有偏激之处。"是我负人？抑人负我？到底是谁错了？没有明说，也不便明说。世间自有公论，不待冬之赘言。"

半个月后，孟小冬整装修容，这位誉满京城的女老生坚毅地从上一段感情伤害中走了出来，再一次回到舞台。

1947年9月，杜月笙在六十寿诞时以赈灾名义发帖邀南北京剧名角前往上海唱义务戏，梅孟二人是否同台献艺则成为戏迷最关心的事情。那次演出盛况空前，原计划演 5 天，后延长到 10 天，票价更被炒到每张 1000 元。

即使如此，剧场两侧也挤满了人，以至马连良要看戏，也只能在过道加椅子。各界人士送的花篮折款竟达 12 亿元之多。

当年有幸在现场观看和通过收音机聆听的人，更是给出"此曲只应天上有"的评价。然而，对梅兰芳和孟小冬而言，同台演出却是一件很尴尬的事情。

最终，在杜月笙的精心安排下，双方避开了碰面的机会：10 天戏排 5 天不重样的戏码——梅兰芳唱四场大轴，孟小冬唱一场大轴，五场演毕，翻头重复。纵然两人尽量避免相见，可是彼此牵挂的心却依然，事后，据梅兰芳的管事姚玉芙说，"孟小冬演了两场《搜孤救孤》，梅先生在家听了两次电台转播。"

后来，孟小冬又在北京拜余叔岩为师，成为余晚年唯一承认的女弟子。此时余叔岩体弱多病，早已息影舞台，孟小冬殷勤侍奉，照顾周到。

精诚所至，金石为开。孟小冬的精心侍奉也换来余叔岩的倾囊相授，一招一式务求完美。孟小冬的技艺也有了质的飞跃，被尊称为"冬皇"。

有人这样评说："（孟小冬）自拜叔岩，则每日必至余家用功，寒暑无间。前后五年，学了数十出戏，是余派唯一得到衣钵真传的人。……假若余派的东西是真正研究院的玩艺，孟小冬倒真是一位唯一够资格的研究生。名贵则名贵极矣，然大好艺术不能广传，总是一件令人扼腕的事。"

1943 年，余叔岩因患膀胱癌逝世，孟小冬痛挽恩师，在挽联上写道：清方承世业，上苑知名，自从艺术寝衰，耳食孰能传曲韵；弱质感飘零，程门执篲，独惜薪传未了，心丧无以报恩师。

与之余生相共

与梅兰芳离婚后，孟小冬在生活上一直承蒙杜月笙的照顾。作为上海滩的青帮老大，早在 1925 年，这位大佬的目光便被孟小冬吸引着。因此，每当孟小冬有什么难处，他都出手相救。

孟小冬每次去师傅余叔岩家都会带礼物，余叔岩的大女儿结婚时，她送了一堂家具，二女儿的全部嫁妆则由她包办。余叔岩脾气古怪，不愿意徒弟在外面唱戏，孟小冬也尽量少登台，平日里全靠有杜月笙的财力支持。

上海滩一直有"黄金荣爱财，张啸林爱打，杜月笙会做人"的说法。杜月笙支持的不只孟小冬一个，抗战期间，梅兰芳寓居上海，蓄须明志，靠卖字画为生。杜月笙就让账房黄国栋假别人名义，偷偷去买，帮梅兰芳渡过难关。

曾受惠于杜月笙的人，数不胜数。黎元洪遭排挤时，也是杜月笙伸出援手，因此黎的秘书长曾赞他："春申门下三千客，小杜城南五尺天。"

杜月笙的好一点点滋润着孟小冬的生活，她的心也被慢慢感化着，她转移自己的视线，从另外一个男人身上看到了温暖，感到了一种温厚的爱。

或许杜月笙没有梅兰芳那般的风流倜傥，才华横溢，但是这个大男人身上有一种宽容的力量，一种厚重的温情，这样平静的爱是经历过风云变幻后的孟小冬所渴求的。

杜月笙的四夫人姚玉兰就是孟小冬的密友，而姚玉兰有意撮合孟小冬与杜月笙，这样一来，杜孟二人的往来也就频繁了起来。

1936 年，黄金大剧院揭幕剪彩，孟小冬答应了杜月笙的邀约，剪彩仪式结束之后，孟小冬就在当地演出二十余场。作为姚玉兰的密友，孟小冬就搬去姚玉兰住处与友人同住，一叙姐妹之情。如此一来，孟小冬与杜月笙就有更多的机会相处。

1947 年，杜月笙派专机接孟小冬到上海，住进杜家。1949 年 5 月，杜月笙带着家小搬到香港，孟小冬也一同前往，服侍病重的杜月笙。

1950 年，杜月笙在计算举家迁法需要多少张护照时，一向寡言少语的孟小冬说："我跟着去，算丫头呢还是算女朋友呀？"第一次提出了名分问题。杜月笙一愣，当即宣布要尽快与孟小冬正式结婚。当时杜月笙已经生病不能离开病榻，但还是支撑着与孟小冬拜堂成亲，孟小冬自然是高兴的，她得到了一生所求的名分。

杜月笙的儿子杜维善说："我想孟小冬对我父亲还是有感情的，否则她不会跟父亲一块儿到香港来。婚礼那天，孟小冬很高兴，久病的父亲也难得有了精神，他带病陪客。这段婚姻无所谓谁成全谁，他们之间是有感情的，我父亲一向重视她的艺术成就，孟小冬也很仰慕我父亲，她同父亲结婚不是报恩，也不是无奈的选择。再加上我母亲也在当中撮合，所以走在一起比较容易。"

婚后，杜月笙让孩子们喊孟小冬"妈咪"，管自己的母亲叫"娘娘"。孟小冬基本不管家中事务，只负责照顾病重的杜月笙，偶尔自拉自唱。上海作家沈寂曾去香港拜访她，据说孟小冬墙上挂着一张《武家坡》剧照，照片上只有她扮演的薛平贵，梅兰芳扮演的王宝钏则被折在后面。

1951 年，杜月笙病逝香港。曾经的上海滩大亨，一生散财无数，遗产却只有 10 万美元，孟小冬分得 1 万。各房太太分选一样杜月笙遗物留作纪念，孟小冬选了一条杜月笙日常用的金钥匙链。

1952 年，杜月笙的子女们去了台湾，孟小冬一人待在香港。1956年，梅兰芳率团到日本演出，在香港过境时在马少波的陪同下曾探望过寡居的孟小冬，再无后话。

1967 年，由于亲友皆在台湾，为避免孤独，孟小冬也在台北定居，自己租房子独住，她早年在北平时领养过的一个孩子成了她晚年的最后陪伴。

由于没什么经济来源，孟小冬只能靠杜月笙留给她的遗产和自己多年积攒的钱生活。也许，钱财对她来说早已是身外之物，她对钱并没有过多需求，就是希望有朋友每天到她那里去。也许只有经历过人生的大波澜，才更珍惜平静带给人心灵的安稳。

孟小冬对杜月笙的其他孩子很亲近，拿他们当自己儿女一样。孩子们对她也很好。每天她家里面都有人去照料她，找她拉闲话。

蔡康永童年曾随父亲在餐厅里偶遇孟小冬，后来撰文回忆："我再转头看看老太太，想看出点'冬皇'派头，但只记得望去一片影影绰绰，灰扑扑的，实在看不出'冬皇'的架势，我是小孩，那时还不懂得：无论你是哪界的帝，哪界的皇，一被岁月搓洗，都只能渐渐化为灰扑扑的影子。"

"只是一切都过去了吧。"是孟小冬晚年常挂在嘴边的一句话。光阴荏苒，转眼十年风逝。1977 年 5 月 25 日，孟小冬在一阵剧烈的哮喘后突然昏迷了过去，后送到医院抢救无效，于 5 月 27 日因肺气肿和心脏病并发症逝世，享年 70 岁。

一代名伶的故事到此落下了帷幕，终其一生，这位身世飘零的女公子在事业与爱情上总算都开出了丰硕的花。

她是一朵铿锵的花朵儿，任时代沉浮，也能用自己的方式过一生。也许她幸运，也许她不幸，可是如此丰盈的人生几人能有。就像她写给读者的信里所说："世间自有公论，不待冬之赘言。"

生命进程的轮回大抵也有着某种相似的规律。年轻的时候，我们无知无畏地追寻心中所爱，被现实冲撞得头破血流后，终会放下执念，回归安稳。平淡中的相守才是生命最终的归宿。

你听，梨园里，是不是有清扬悠远的广陵绝响？

卷三

颠倒世界，只为摆正你的倒影——张爱玲

叛逆与妥协里的天才梦

民国之巍巍大观，正是由一个个震耳欲聋的历史人物堆砌而成，提及民国女子，张爱玲恍若点缀民国历史长河的翡翠。

1920年，张氏大户家里张灯结彩，人声澎湃。一声婴孩的啼哭点燃了欢腾的引线，弄璋之喜弥漫在张家的每个角落。当呱呱坠地的婴儿第一次打量着周遭时，这个世界正在用最热烈的仪式迎接她，她就是日后的著名作家张爱玲。

张爱玲，原名张瑛，她的祖父张佩纶是清末名臣，祖母李菊耦是李鸿章的长女。显赫的家世给她创造了一个不同寻常的生长环境，出身大家即意味比其他人拥有更多的资源，自幼传统儒学的熏染使她有机会接受好的教育，亦为日后展开与众不同的人生经历奠定了基础。

民国风云的变幻，使本是名门望族的张家渐渐衰落，从曾经的盛开走向衰败，情感的落差考验着大家族里的每一个人，也影响着张爱玲心境的变化。

出身这复杂的家庭，人事的复杂纠结对她的人生走向起到了重要的引导作用，使其在作品中心境表露无遗。

张爱玲是一个很特别的人，她曾说："我是一个古怪的女孩，从小被目为天才，除了发展我的天才别无生存目标。然而，当童年的狂想逐渐褪色的时候，我发现我除了天才梦之外一无所有——所有的只是天才的怪僻的缺点。世人原谅瓦格涅的疏狂，可是他们不会原谅我。"

幼时接受的私塾教育为日后张爱玲的创作打下了良好的文学基础。后来张爱玲的母亲和姑姑远赴欧洲游学，父亲亦没有弥补她情感的缺失，独立的种子便在张爱玲幼小的心灵中生根发芽。

父亲是典型的旧式家庭中尊长形象，张爱玲幼时对父亲最深的印象便是那张卧榻上烟雾弥漫中模糊的脸。后来更大一点，父亲辞去职务，把家由天津搬到了上海，不久之后母亲和姑姑也从英国回来，这对张爱玲来说真是最开心不过了。她天真地以为，曾经被地域切割开的一家人终于可以永远在一起了。

可后来，她才发现破镜难重圆，早已碎裂的情感是时空永远不可弥合的。两年之后，父母签署了离婚协议，成年人之间的束缚终于解脱，却不曾想这是对张爱玲心灵的又一次重创。

父母的离异让她对感情趋近内敛，敏感脆弱，想要追求感情却又害怕接近，看似冷漠的外表底下包裹着深深的自卑。

父母离婚后，张爱玲还是跟着父亲生活。接受着新时代气息熏陶的张爱玲渐渐感到自己与封闭晦暗的家之间产生了巨大的裂缝，她觉得母亲曾经出走国外时的勇气实在可嘉。

1934 年，父亲再婚，正值青春期的张爱玲性格叛逆，和后母彼此不喜欢。生活在张家，爱玲的世界是孤独的，她用尽力量与家中的一切做斗争，可是越挣扎，那张无形的网勒得她越紧，家庭矛盾也渐渐升级。

　　父亲心中的天平渐渐倾斜向新妇，父女之间的矛盾愈发不可调和。风尘翻涌，阴郁晦暗，一场可怕的狂风暴雨正在渐渐酝酿……

　　对张爱玲来说，后母实在是个不讨喜的角色。她曾在文章中说："我只有一个迫切的感觉：无论如何不能让这件事发生。如果那女人就在眼前，伏在栏杆上，我必定把她从阳台上推下去，一了百了。"后来这场"后母故事"的狂想因她长期寄宿学校而暂时得到了缓解，直到母亲第二度留学归来，重新赋予了她反抗现实的勇气。

　　父亲对母亲的情感是复杂的，受西式新文化影响的母亲向来看不上懦弱传统的父亲，在父亲内心深处，母亲就像是一个永远可望而不可即的梦。

　　当她选择弃他而去游走海外的时候，他恨她，可是却不得不承认她的身上有一种美丽，让人仰慕让人痴迷。母亲走后留下爱玲，父亲把爱玲当成了精神的依托，甚至不自觉间也把对于这样一种复杂的情感转嫁到了张爱玲的身上，于是当张爱玲向父亲提出留学的要求时，这场积攒已久的战争导火索终于被点燃了。

后母在一旁煽风点火，父亲便以为爱玲留学是因为背后有前妻的挑唆，疯狂的争吵像是被点燃的火焰，倏地划破了夜空，绽放出惊人的威力。

"啪"的一声，继母打在张爱玲脸上的这一巴掌瞬间凝固了时空，这样的屈辱是出身名门的爱玲从未受过的，愤怒的火光在她眼睛里燃烧着，她扬起了手掌下意识地想要还手，却被赶来的老妈子挡住。

这下后母终于抓住了把柄，又去向爱玲的父亲告状，"在这一刹那间，一切都变得非常清晰，下着百叶窗的暗沉沉的餐室，饭已经开上桌了，没有金鱼的金鱼缸，白瓷缸上细细描出橙红的鱼藻。"

等待爱玲的是一场毒打。联想到昨日出走的前妻和今日又要远走的女儿，张廷重无法压制的怒火熊熊燃烧起来。

无情的巴掌劈头盖脸地竖了下来，眼前的景物模糊成一片，耳边的声响很久之后才消逝，暴打之后的她被父亲监禁在一间空房子里。

"我生在里面的这座房屋突然变成生疏的了，像月光底下的，黑影中出现青白的粉墙，片面的，癫狂的……楼板上的蓝色的月光，那静静的杀机。"

　　这场家庭大战让张爱玲见识到原来再熟悉不过的亲人竟然有如此可怕的嘴脸，彻底地毁灭了张爱玲对家的最后一丝留恋，这场风波也正式宣告了张爱玲与父亲的决裂。

出走后的文学盛宴

1938 年深夜，张爱玲出走，逃到了母亲家中。相对安稳的环境给她带来了一段时间的平静，并在那之后开始了她的小说生涯。

张爱玲将自己的经历投射到了小说创作中，成长过程中的点滴日后成了她创作的重要素材。小人物的悲欢离合里，氤氲着平凡男女的现世苍凉，最平实的笔触谱写着最感人的故事。

张爱玲是个大家出身的女子，作品本应有指点江山的大气与激昂，而她却喜欢描写小人物的爱恨愁绪，想来这与其自身经历也是有重要关系的。也许，只有在作品中她才能感受到平常生活的烟火气，而不是父母给她的沉重情感。

自古以来，才子佳人就是人们热议的话题。美好的爱情故事犹如漫天的繁星，璀璨而密布在人们的生活中，其中既有梁山伯和祝英台之间因为家世的巨大鸿沟而造成的凄婉哀戚的爱情故事，也有志明与春娇之间的令人不禁潸然泪下的爱情故事。

爱情故事层出不穷，可张爱玲笔下的爱情总是带给人深深的苍凉，在爱情的背后延伸出无尽虚空世界，或是以战争做背景，或是以时代为基调，字里行间写不尽都市男女心中的彷徨与心痛。

张爱玲的文学创作风格与她的人生经历是紧密相关的。

1943年，张爱玲的小说《沉香屑 第一炉香》一经问世便在上海文坛引发了极大反响，她也从此一炮成名。张爱玲这个名字成为人们争相追捧的谜。在这段时间，她又相继发表了《倾城之恋》、《金锁记》这些被人们口耳相传的经典之作。这段时间也成为她文学创作的第一个高峰时期。

在《金锁记》的开头，张爱玲说："我们也许没赶上看见三十年前的月亮，年轻的人想着三十年前的月亮应该是铜钱大的一个红黄的湿晕，像朵云轩信笺纸上落了一滴泪珠，陈旧而迷糊。老年人回忆中的三十年前的月亮是欢愉的，比眼前的月亮大，圆，白，然而隔着三十年后的辛苦路往回看，再好的月亮也不免带点凄凉。"

开篇伊始，就奠定了整部小说的基调。细细品味张爱玲作品中的每一个细致的描写，似乎都能从那些静止的景色中揉出水来。看似淡然的笔触里包含着无尽的悲凉，对于命运的慨叹，对于生活的哀号，所有的悲悯在一个女性灵魂里积聚喷发。

在《倾城之恋》中开篇也是："胡琴咿咿呀呀拉着，在万盏灯的夜晚，拉过来又拉过去，说不尽的苍凉故事——不问也罢！"

白流苏是一个旧式家庭出身的女子，在经历了一次失败的婚姻后，离异回到娘家的白流苏被亲人奚落欺负，苦不堪言，直到她遇到了范柳原，便像救命稻草一样牢牢抓住。

范柳原本是个追求自由爱情的浪子，他喜欢淡雅清丽的白玫瑰，其皎洁的清香像是冰凉的高山之雪，值得付出一生的代价，求得在这冰凉水流中的沉沦。而像白流苏这样的女子正是他寻找的对象，不经意的低头成了他心动的理由。但他只想征服对方，并不想被婚姻缚住手脚。

于是白流苏和范柳原两个人之间展开了爱情的战争。

张爱玲笔下的白流苏不过是想要在乱世中求得生存，一种以爱情婚姻的名义的生存。白流苏想要获得范柳原的爱情，争取到合法的婚姻地位。她将自己当作了一个筹码，一个博得好的余生的筹码。

所以她在遇见范柳原之后谨慎地不与范柳原发生关系，因为一旦发生关系，除了做他的情妇没有第二条路。然而如果迁就了他，不但前功尽弃，以后更是万劫不复了。

所以她在明知会遭到亲人的奚落白眼的情况下还是回到上海，就是为了给自己一个较优的议和条件。在香港时，白流苏终于得到了范柳原，在日军开始轰炸香港时，范柳原折回保护白流苏。

狂轰滥炸的局势促成了白流苏和范柳原的姻缘，却越发加重了小说的悲剧性。虽然白流苏在小说结尾如愿以偿地嫁给了范柳原，但作者却明白，"柳原现在从来不跟她闹着玩了，他把他的俏皮话省下来说给旁的女人听了。"

当历经各种磨合终于走在一起的两人，重新回味起曾经的凄风冷雨，忽而有了一种戏谑的味道。"香港的陷落成全了她。但是在这个不可理喻的世界里，谁知道什么是因什么是果？"这对美丽的男女，在乱世里相互偎依，彼此扶持支撑着勾勒希望的羽翼。

男女之间的爱情之战又谈何胜利与失败？不过是一方的妥协为另一方的借口找到了出路。最终这场战争以白流苏和范柳原的婚姻结束，但是他们双方都输了。白流苏用婚姻保住了自己的生活，爱情这个东西对她太虚无。范柳原则是妥协在了战争之中，用婚姻的形式给了白流苏承诺，但是他们两人之间再也不会有斗争时那种挖空心思的张力存在。在这本书里面张爱玲集中表达了她的爱情观，爱情婚姻的虚无与神秘的命运交织在一起，满目尽是苍凉的疮痍。

在小说《红玫瑰与白玫瑰》的开头，张爱玲就已经把男人的"爱情"写出来了："振保的生命里有两个女人，他说一个是他的白玫瑰，一个是他的红玫瑰。一个是圣洁的妻，一个是热烈的情妇——普通人向来是这样把节烈两个字分开来讲的。"这句真真切切的判断，成了后来多少人口中的至理名言。在张爱玲的小说中，男性从来都是卑微虚妄的角色，他们在盲目的自我膨胀里接受着人们的审视和批判，出现着个人自负与外方贬谪的双重张力。

振保"侍奉母亲，谁都没有他那么周到；提拔兄弟，谁都没有他那么经心；办公，谁都没有他那么火爆认真；待朋友，谁都没有他那么热心，那么义气，克己。"然而就是这样一个人，面对感情一方面渴望刺激希望能够放纵，但是从道德上又和太太是一对标准的模范夫妻。

年轻时，留学海外的振保邂逅了初恋——玫瑰。"玫瑰进的是英国学校，就为了她是不完全的英国人，她比任何英国人还要英国化。英国的学生是一种潇洒的漠然。两人都是喜欢快的人，礼拜六晚上，一跑几个舞场。不跳舞的时候，坐着说话，她总像是心不在焉，用几根火柴棒设法顶起一只玻璃杯，要他帮忙支持着。玫瑰就是这样，顽皮的时候，脸上有一种端凝的表情。她家里养着一只芙蓉鸟，鸟一叫她总算它是叫她，急忙答应一声：'啊，鸟儿？'"这样一个标准的红尘女子俘获了振保的心，成了他心头上始终难以褪色的记忆。

可是留洋归来后，他租了老同学的公寓，遇到了老同学风情万种的太太，他被她深深吸引，甚至连她掉落的头发都让他紧张。

张爱玲曾在文中描述道："振保洗完了澡，蹲下地去，把瓷砖上的乱头发一团团捡了起来，集成一嘟噜。烫过的头发，梢子上发黄，相当的硬，像传电的细钢丝。他把它塞到裤袋里去，他的手停留在口袋里，只觉浑身燥热。这样的举动毕竟太可笑了。他又把那团头发取了出来，轻轻抛入痰盂。"

振保的思想斗争非常激烈，但他依然没有逃过欲望的旋涡，和这个娇蕊痴缠在了一起，然而让他料想不到的是娇蕊是付出了真爱，当她提出把这事告诉振保的老同学时，振保病倒了，后来振保顶不住压力告诉娇蕊他不想为此情承受太多的责难。娇蕊被振保深深地伤害，终于冷静地收拾起纷飞的思绪，从此离开了振保的生活。

后来在母亲的攻势下，振保带着悲凉的牺牲感，娶了身材单薄，纯白纤细的孟烟鹂。振保第一次见到她，"她立在玻璃门边，穿着灰地橙红条子的绸衫，可是给人的第一印象是笼统的白。她是细高身量，一直线下去，仅在有无间的一点波折是在那幼小的乳的尖端，和那突出的胯骨上。风迎面吹过来，衣裳朝后飞着，越显得人的单薄。脸生得宽柔秀丽，可是，还是单只觉得白。"

在平时的交往中，"烟鹂很少说话，连头都很少抬起来，走路总是走在靠后。她很知道，按照近代的规矩她应当走在他前面，应当让他替她加大衣，种种地方伺候她，可是她不能够自然地接受这些分内的权利，因而踌躇，因而更为迟钝了。振保呢，他自己也不少生成的绅士派，也是很吃力地学来的，所以极其重视这一切认为她这种地方是个大缺点，好在年轻的女孩子，羞缩一点也还不讨厌。"

振保对这样的妻子无法生出欲望更别提爱意，然而为了母亲的期望，他还是和这个纯白的女子结了婚。但是振保对这个妻子却并不热衷，他宁愿在外面狎妓，妻子不但没有怨言反而尽心为他遮掩。

直到有一天，他竟发现他阴影里没有任何光泽的白玫瑰居然和一个裁缝关系暧昧。然而这一切并不是毫无征兆的，张爱玲曾写"烟鹂得了便秘症，每天在浴室里一坐坐上几个钟头——只有那个时候是可以名正言顺地不做事，不说话，不思想；其余的时候她也不说话，不思想，但是心里总有点不安，到处走走，没着落的，只有在白色的浴室里她是定了心，生了根。"这里写的一段无关紧要的话看似杂乱，其实早已经在暗示将来会发生的一切。他们彼此早已窥透了对方的一切，只是想要通过佯装无知的方式掩盖事实。

直到某一日振保男性的尊严让他再也忍受不住，将整个窗户纸给捅开来了，就这样他心中的白玫瑰陨落了。没了白玫瑰，记忆中的红玫瑰总能留一些念想，若是这样的幻想能够一直持续下去，却也能够一直沉浸在梦境。

一天，振保上了一台公交车。他恍然发现邻座的中年妇人竟是自己梦中的红玫瑰，俗艳的装扮甚至让振保心生了几分厌恶，曾经的幻念被一盆冷水残忍浇灭，那些希望都变成了黑色。

曾经他生命中热烈开放的红玫瑰也随着岁月的变更被无情地改变了模样，这时的振保才意识到，原来所有的朱砂痣都在某一个时刻悄然蜕变中成为白米粒。

低到尘埃里的爱情

然而小说中的故事永远没有现实生活来得刺激。张爱玲的一生，除了她的作品倾倒一片读者，她的爱情故事更是浓墨重彩，引人唏嘘。

如果说张爱玲的早熟早慧是刺激她将有限的生活阅历转化成深度的人生体验的催化剂，那么她生命中的那位重要男子——胡兰成，则是她生命里永远都不可抹杀的一道风景。张爱玲和胡兰成本是极与极的人物，怎么也无法将他们凑在一起，但偏偏命运就是这样爱和人开玩笑，颠倒世界，只为摆正你的倒影。

1902 年生于浙江绍兴的胡兰成是典型的南方男子形象，面目白净，身形俊朗。从一介布衣在短短两三年的时间里由一位普通的中学教书匠居然可以爬到政府大员的高位，胡兰成身上的确有一种独特的人格魅力。

胡兰成从小家贫，吃过很多苦，孤身一人在社会上拼搏，在社会底层的挣扎打磨让他的人格尊严、价值观都变得极其地淡漠。所以在汪精卫伪政府四处拉拢人才时，胡兰成不管是非黑白，成了世人眼中的"汉奸"。

胡兰成是官场上的风云人物，依靠汪氏政权，有了一定的政治地位。深受汪派北京的《中华日报》器重，而后胡又被调到香港《南华日报》当总主笔，供职于汪氏机构"蔚蓝书店"，此时胡兰成的政论文章颇具人气，渐渐地名号越来越响。胡兰成的骨子里是中国传统旧式文人的布衣卿相之思，抱着治国平天下的安邦定国之才，力图在乱世中找到属于自己的一方位置。在受到汪精卫的赏识后，热切地感到"能臣"遇到了"明主"，相信成则王败则寇，胡兰成感到踌躇满志，意气扬扬。

他曾经有一个发妻玉凤，玉凤去世后他回忆说："我对于怎样天崩地裂的灾难，与人世的割恩难爱，要我流一滴眼泪，总也不能了。我是幼年时的啼哭，都已还给了母亲，成年的号泣，都已还给了玉凤，此心已回到了如天地之仁！"从中也可窥见胡兰成也是一个"狠"角色，偏偏他的"狠"给了张爱玲难以磨灭的情殇。

张爱玲与胡兰成相识，正是因为那篇有名的短篇小说《封锁》。

1944 年的一天，胡兰成正躺在家中的藤椅上阅读杂志。在第二期的《天地》杂志上，《封锁》一文偶然映入胡兰成的眼帘，看了一二节，不觉被这篇小说吸引了，直起身子居然仔仔细细地从头到尾认真读了一遍，把目光移到作者一栏，署名上赫然写着"张爱玲"三个字。

胡兰成对这篇文章喜不自胜，出于文人之间惺惺相惜的心态，他对作者张爱玲也充满了好奇，通过各种渠道想要和张爱玲小叙一番。这是胡兰成与张爱玲在文字里的第一次邂逅，胡兰成深切地感到这个女子的不平凡，"世上但凡有一句话，一件事，是关于张爱玲的，便皆成为好。"

一封信寄过去，问了他们共同的朋友苏青，讨得张爱玲的住址。纵然被告知桀骜的张爱玲等闲不愿见生人，胡兰成还是勇敢地迈向了她的家门。

第二天他兴冲冲地去了张爱玲家，但是张爱玲轻易并不见客，胡兰成也不死心，从门缝里面递进去一张纸条写了自己的相应信息乞求爱玲小姐可以得以一见。

吃了闭门羹之后，胡兰成接到了张爱玲的电话，张爱玲说她可以去看他。两人见面之后，果然聊得投机，男女之间有一种奇妙的缘分在悄然滋长。胡兰成只是拿着热情去追求一个爱慕的作家，可是他不知，爱玲正在渐渐为他打开一扇封闭已久的心门。

胡兰成的张扬与主动与张爱玲的静默闭塞形成了鲜明的对比，对于张爱玲来说，一个男子如此豁然的风度是一种全然崭新的体验，在她心中，隐隐觉得胡兰成是一位不同于俗的男子。在给胡兰成的回信中说胡"因为懂得，所以慈悲。""懂得"二字在张爱玲的词典里非同小可，对于张爱玲来说，茫茫人海里，能够真正理解自己的人实在是少之又少。

后来胡兰成去张爱玲家拜访的时候提到了张爱玲曾经刊登在《天

地》杂志上的那张照片，张爱玲听了之后便取出照片相赠，还在后面题了几句话："见了他，她变得很低很低，低到尘埃里。但她心里是欢喜的，从尘埃里开出花了。"

曾经在故事里那样张扬骄傲的女子，在自己喜欢的男子面前，似乎变成了一朵羞赧的玫瑰——这是当时张爱玲心境的最好写照。

这一年，胡兰成 38 岁，张爱玲 24 岁，胡兰成尚有家室，张爱玲孑然一身，甜蜜的爱恋在他们中间开出娇艳的花儿来。对于他们的结合周边的人却并不太看好，胡兰成的身份是汉奸，并且有妻室，年纪大到几乎可以做张爱玲的父亲了。

世人都觉得这样的爱情太不可思议了，张爱玲却甘之如饴。胡兰成是懂张爱玲的，他懂张爱玲出生的家庭赋予她的优势及劣势，他也懂张爱玲因为童年的不幸而产生的苍茫空阔的心境，年龄的差距让张爱玲的爱情和亲情都倾注在了一个人身上，对于她眼中的胡兰成没有政治的偏见和身份的束缚，她只是认准了这个人，喜欢着这个人，爱情之外不再附加任何条件。

然而这种关系却是尴尬的，相爱从来不仅仅是两个人的事情，周遭人的言行都会改变彼此的心境。

1944 年，胡兰成的第二任妻子终于忍受不了两人的关系，和胡兰成离婚了。不久，张爱玲和胡兰成在好友炎樱的见证下结为了夫妻。

"胡兰成和张爱玲签订终身，结为夫妇。愿使岁月静好，现世安稳。"这一段时间，也是张爱玲创作生涯中的黄金时期，她和胡兰成经常就文学沟通交流，张爱玲的行文风格也受到了她美满爱情的影响，忽而变得欢快洋溢起来。与胡兰成的这一段爱恋之旅成就了张爱玲文学创作的高峰。

然而好景不长，喜新厌旧的胡兰成正在悄然改变曾经的山盟海誓。他本就不是一个坚定的人，张爱玲之于他是重要的，期限却是短暂的。

伴随着生命中其他女子也渐渐出现，胡兰成的感情开始发生偏移。张爱玲不过成了他追逐情爱路上的过客而已，在他策马扬鞭的前进路上，新认识的女子开始进入胡兰成的生活，重新催发起胡兰成的情感悸动。情感丰腴的情郎又开始追逐新猎物的征程。

1944年11月，胡兰成到湖北接编《大楚报》，开始了和张爱玲的长期分离。一封封的邮信承载着张爱玲的浓浓爱意与思念飞向情人，她热切地等待着与胡兰成重聚的一刻，却浑然不知在武汉的胡兰成已经发生了翻天覆地的变化。

空间上的距离在时间的打磨下渐渐变成了情感上的疏离，风流成性不甘寂寞的胡兰成自然不能忍耐独在异乡饱受孤独侵扰的日子，他忘却了曾经与爱玲的一纸誓言，开始寻找新的感情依托。

在报社上班的胡兰成却与同僚一起住在汉阳医院，医院里一位名叫周训德的见习护士引起了他极大的兴趣。

两人似有情似无意地轻言挑逗间便搅作一团，胡兰成似乎提前享受了一番"红袖添香"的艳福。两人互赠照片习字相题，在小周赠予他的照片背后题下那首隋乐府——"春江水沉沉，上有双竹林；竹叶坏水色，郎亦坏人心。"这些都让胡兰成春心荡漾，喜不自禁。醉倒在女人的温柔乡里，胡兰成一面仰慕着张爱玲的"多才冷艳"，一面又欢喜着周小姐的本色天真，一花一世界，一树一菩提，似乎每一种美都都十分眷顾多情才子胡兰成。

当张爱玲得知在武汉的胡兰成移情别恋，与 17 岁的小周已然如胶似漆时，她是沉默的。她似乎在很久以前便隐隐地感知到了这一切。

次年三月，胡兰成回到上海，与张爱玲相伴厮守了一个多月。胡兰成绘声绘色地描述了这一切，体面得当的措辞甚至让他有些沾沾自喜，仿佛这段婚外情成了他自我表彰的勋章。

张爱玲依然沉默，不肯多说什么。胡兰成后来说张爱玲"糊涂得不知道妒忌"，可是实际上张爱玲的"漠然"是情感自我保护的最后一道防线。

张爱玲对胡兰成的爱是特别的，她真真切切地爱过，不计代价地爱过。纵然在知道胡兰成移情别恋后，依然向生活拮据的他伸出援助之手，不计前嫌地把自己的稿费寄给他。张爱玲不是语言上的爱情幻想主义者，她只是更愿意为爱人默默奉献。

神话覆灭后的苍凉现实

1945 年 8 月 15 日，日本投降了，胡兰成隐约感到曾经的辉煌地位即将付之一炬。

于是他化名为张嘉仪，逃到了浙江，在他逃亡的过程中，他又和一个叫作范秀美的女子相识，从此以夫妻相称。

半年没见的张爱玲也追着他的脚步来到了温州，再次见到胡兰成，他的身边已经站着另一个女人，刚一见面一句"你怎么来了"噎得爱玲半天说不出话来，她这才意识到早已物是人非。

一切悄然改变，无论自己怎样挣扎努力，曾经属于自己的那个位子真的已经不见了。一面是自己深爱的男子，一面是与男子夫妻相称的范秀美，夹在这两人中间的张爱玲默默吞咽着委屈和羞辱。

张爱玲觉得这种三人行的生活实在尴尬，她感到自己与胡兰成之间的距离已越来越远，不可挽救。对于胡兰成来说，自己不过是暂时寄居于此的客人而已……百般思想斗争之下，张爱玲决心离开这伤心之地。

后来胡兰成前去送她，她叹口气说："你到底是不肯。我想过，我倘使不得不离开你，亦不致寻短见，亦不能够再爱别人，我将只是萎谢了。"张爱玲离开了，她知道，这段感情终于算走到头了。

后来张爱玲和胡兰成断断续续还是有联系，经常用自己的稿费接济他，但是感情的事实也愈渐明朗，两人之间的情缘正在走向崩裂。在长时间的冷淡后，张爱玲终于释然了。

1947年6月，胡兰成收到了张爱玲的诀别信："我已经不喜欢你了，你是早已经不喜欢我了。这次的决心是我经过一年半长时间考虑的。彼惟时以小吉故，不欲增加你的困难。你不要来寻我，即或写信来，我亦是不看的了。"

这封信成了两人感情终结的最后仪式，彻底隔断了藕断丝连。之后，张爱玲再也没有和胡兰成见过面，随之而来枯萎的不止是她的爱情，连文采也枯萎了。

相爱时澎湃，汹涌如春江潮水；诀别时干脆，无拖沓泥水。这就是张爱玲的爱情态度，这就是张爱玲的人生姿态，以一个顽强而张扬的女性形象展现生命的多彩。

有人曾经说，拥有就是失去的开始。最美好的时候永远是停留在得不到的时候。在一切的假设和如果没有变成现实之前，现在就是最好的结局。在多年之后，铺天盖地的指责与诋毁扑向胡兰成，却再也扭转不回当年的时光。

胡兰成对于张爱玲的负情后来变作她笔下独特的写作体验。在《红玫瑰和白玫瑰》里，我们往往能从周旋于众女子之间的佟振保身上隐约看到胡兰成的影子："他说一个是他的白玫瑰，一个是他的红玫瑰。一个是圣洁的妻，一个是热烈的情妇——普通人向来是把节烈两个字分开来讲的。也许每一个男子全都有过这样的两个女人，至少两个，娶了红玫瑰，久而久之，红的变了墙上的一抹蚊子血，白的则是'床前明月光'；娶了白玫瑰，白的便是衣服上的一粒饭粘子，红的却是心口上的一颗朱砂痣。"

对胡兰成来说又何尝不是呢？范秀美之流就像热烈的红玫瑰，燃烧着自己的青春，燃烧着自己的热情爱着胡兰成，而胡兰成的真实感情是否存在，只有他知道。而曾经在他心中是白玫瑰的张爱玲也从神坛上坠落，变成了衣服上的饭粒。"得不到的总是在骚动，被偏爱的都有恃无恐"，用这句话形容胡兰成是极贴切的。

对张爱玲的倾心相赠，胡兰成觉得来得容易，对于张爱玲低到尘埃里的卑微，他也只是听之任之，毫无所动。从张爱玲到周训德再到范秀美，这些女子于胡兰成皆是过客，不是归宿。当年胡兰成是因为一篇《封锁》欣赏张爱玲，认识张爱玲，而他们之间的爱情如此收场，和小说竟有几分吻合。

在《封锁》中，男女主人公因为短暂的封锁谈了一场短暂的恋爱，而当封锁解开之后，一切都如魔法般消失了。在文学作品阅读中，能引起共鸣的作品总是特别的少，具有"垂死病中惊坐起"效果的《封锁》，也许这也是胡兰成滥情性格的一个映射。

小说中男主人公在封锁中忘情的精神恋爱不用负责，超越世俗，当一切惊涛骇浪归于平静，世界又重新回到了原点。而胡兰成在接下来的人生中的演绎就像一段段的封锁，他们的感情因封锁开始，逝去也是如此之快。

张爱玲也许可以证明，这个世界没有谁真正离不开谁。后来，一代才女远渡重洋，奔赴美利坚。于风雪中，在酒吧里，她认识了大她30 余岁的德国作家赖雅。在这位才子的世界里，她找到了真正的共鸣与理解，于是，他们结婚。

没有轰轰烈烈的传说和故事，却终以厮守到老。张爱玲陪他走完一世，最后的几年里，赖雅一度病得很严重，张爱玲开始为他四处奔波筹集医疗费用。直到这时，她才成为一个普通而真实的女人。

这场婚姻持续了 11 年。在这些年她得到了胡兰成不曾给过的爱，得到了平静与安逸，在英文写作上她也取得巨大进步，只可惜，赖雅多病的身体使得他们的日子并没有一如既往地好下去，这在某种程度上也影响着她写作才能的发挥。

为了能够给赖雅治病，她不惜损坏自己的身体，夜以继日地工作，但是，为了钱而写成的作品基本无法走红，经济上的窘迫，注定只能过一种漂泊的生活。作品久久无人问津给了张爱玲很大的打击，她觉得被抛弃了。

1967 年，赖雅去世。他的离开对张爱玲来说，是解脱也是巨大的损失。在贫困与拮据中，两人相依为命，互相温暖。赖雅给她的情感是她生命中的一抹亮色，即便生活很苦，心也是甜的。

对张爱玲一个极富才华的作家来说，这又是灰暗的 11 年，精神和身体的双重重负不得不对她的写作带来致命的伤害，也是那个时代的遗憾。

赖雅走后，张爱玲深居浅出，没人知道，不接受任何拜访。她注定是一只孤雁，四处漂泊，即使有人陪伴，也都只是短暂的停留。她的作品里，构造了很多种爱情故事，但无一例外它们的形态和现实中的爱玲一般伤痕累累，一般无望，一般寂静地陨落。

最后，她一个人静静地躺在地毯上，离开人间。

当黎明的曙光一点点冲破黑暗洒向大地的时候，大地还原安详，淡淡地，就当一切从没有发生过。

这便是人生，这便是张爱玲。作为人生中匆匆的过客，也许谁都不知道，下一刻，谁会是故事的主角。唯愿，结局可以圆满一点。

卷四

落花无语，默读悲伤——陆小曼

人间存一角，聊放独枝花

在翻滚的时代洪流中，多少才子佳人沉浮不定，一闪而过，而有这样一种生命角色，在喧闹的时代里倔强沉默地演绎自己，她就是陆小曼。幼年时期的陆小曼出生和成长在一个富裕的知识分子家庭，父亲陆定是北洋政府时代财政部赋税司司长，母亲吴曼华出生于清末江西名门望族，擅长手工画。优渥的家境对于陆小曼以后的生活习惯和性格秉性产生了十分重要的影响。

从幼时起，陆小曼便接受到良好的教育。中学就读于法国北京圣心学堂，既拥有深厚的古文功底又精通英文和法文，弹得一手好钢琴，又擅长绘画。在这个新旧文化不断交织冲突的年代，一个女人的性格形成往往具有极大的偶然性，就像北极夏季的极光一样，随着云层的叠变而不时变换出令人惊艳的色彩。这一切可能就是某一刹那的巧合，一个巧夺天工的作品就惊艳地出现在人们的眼前。

陆小曼就是这样一个不流于世俗的女子。当时，北洋政府外交总长顾维钧要圣心学堂推荐一名精通英语和法语的女生去外交部参与接待外国使节的工作，陆小曼成为不二人选。得益于外交工作，陆小曼逐渐扬名北京社交界，后来胡适有一句评价她的话："陆小曼是一道不得不看的风景。"

在那个时代，大多数女人都会受到来自社会各界的约束，就像一个泥团，不断地被外力揉搓成别人喜欢的样子，个人的意志湮没在别人的眼光和时代的潮流中。

从小接受西式教育的陆小曼，有着强烈的主宰自己命运的意识，不愿意为家庭和名声绑架自己的自由选择。19 岁刚从圣心学堂毕业的陆小曼带着懵懂的情愫奉父母之命嫁给了军人王赓。

王赓毕业于清华大学，后留学普林斯顿大学，获得普林斯顿大学文学学士后又进入美国西点军校学习，可谓文武双全。婚后，王赓被任命为哈尔滨警察局局长，陆小曼随同前往哈尔滨，婚后几年，两人渐渐生出性情不投的阴影。

1922 年，刚从英国留学回来的徐志摩受好友王赓之托陪小曼解闷。一来二往，徐志摩与陆小曼渐渐成了知音之交，开始萌生出一种朦胧的爱恋。这样的苗头愈演愈烈，坠入爱河的两人想要挣脱外界的束缚，双宿双飞。

可是两人各自都有婚约家庭在身，他们的感情受到持传统婚姻观念的亲朋好友的强烈反对，加之王赓坚持不离婚的态度，当时的他们根本无力反抗压力，更无力呵护爱情。

徐志摩在《这是一个懦怯的世界》里写道："这是一个懦怯的世界：容不得恋爱，容不得恋爱！披散你的满头发，赤露你的一双脚；跟着我来，我的恋爱，抛弃这个世界，殉我们的恋爱！我拉着你的手，爱，你跟着我走；听凭荆棘把我们的脚心刺透，听凭冰雹劈破我们的头，你跟着我走，我拉着你的手，逃出了牢笼，恢复我们的自由！"

性格差异较大的王赓、陆小曼两人在婚姻生活中磨合了四年，最后仍然走向了分手。当时，徐志摩和张幼仪也已是夫妻，横亘在爱情面前的世俗压力越来越多。

徐志摩的父亲极力反对他与陆小曼的结合，并停止向徐志摩提供经济援助。1923 年梁启超写了长信很恳切地劝他："万不可以他人之痛苦，易自己之快乐。弟之此举其于弟将来之快乐能得与否，始茫如捕风，然先已予多数人以无量之苦痛。"任公又说："呜呼！志摩！天下岂有圆满之宇宙？……当知吾侪以不求圆满为生活态度，斯可以领略生活的妙味矣。……若沉迷于不可必得之梦境，挫折数次，生气尽矣。郁悒侘傺以死，死为无名。死犹可也，最可畏者，不死不生而堕落至不复能自拔。呜呼！志摩！可无惧耶！可无惧耶！"

志摩答复任公的信中并未承认他拿他人的苦痛来换自己的快乐。他回信说："我之甘冒世之不韪，竭全力以斗者，非特求免凶惨之苦痛，实求良心之安顿，求人格之确立，求灵魂之救度耳。人谁不求庸德？人谁不安现成？人谁不畏艰险？然且有突围而出者，夫岂得已而然哉？我将于茫茫人海之中访我唯一灵魂之伴侣。得之，我幸；不得，我命。如此而已。"

一系列来自外界的劝阻并没有影响徐志摩与陆小曼结合的决心，徐志摩最终选择背负谴责，追寻自己的爱情和自由。他们两人的选择都展现出极其倔强和执着的对自己所爱的追求。

这大概也是所有个性突出之人的共性吧。没有这样执着自我的灵魂，又怎会产生"得之我幸，失之我命"这样绝美的诗句。

开到荼蘼花事了

就在陆小曼满心欢喜准备和徐志摩开始一段浪漫关系时，却陷入了重重矛盾，她怀孕了。一个艰难的选择摆在面前：是将孩子生下来，还是舍去。生下来，就选择了家庭和责任，舍去孩子，她将重新获得爱情和自由。

在这个人生的重要分岔路口，她毅然决然地选择了爱情和自由，一个人带着侍女飞往德国做手术。上天总爱跟人玩游戏，一个选择背后不是一个独立的结果，而往往附带了另外一番风景。流产手术过程中发生了一些失误，终以失败告终，从此以后，陆小曼再也不能生育，这一打击最终完全剥夺了陆小曼成为一个母亲的权利。

　　为了所谓的爱情与自由，她付出了难以估量的代价。世间之事冥冥之中绕着一定的规则在运转，这些规则总是在伤痛产生之后才能给予人们清醒的认识。

　　与徐志摩婚后五年的生活，她恣意地活跃在各个社交场所，像一只蝴蝶，在最美好的年华里恰好阳光明媚、翩翩飞舞。

　　如果说她是一只姿态绝美的蝴蝶，那徐志摩就是一位花园的园丁，给她提供了一片美丽又广阔的花田，任她在其中自由地起舞，肆意地绽放自己的美丽，晴天为她遮阳，雨天为她撑伞，做一个无可争辩的守护者。任凭那时光流逝，光阴渐淡，他们对彼此的欣赏与爱慕却日渐深入。

　　也许灵魂与灵魂的碰撞就是这样不被理解却广为流传的。刹那间的火花，短暂又美丽，只有彼此感受绚烂的美好，才能读懂对方心中的那份感触，从而变得无可取代，义无反顾。徘徊在徐志摩和陆小曼身后的各种流言并没有撼动他们坚守彼此的勇气，所谓的守礼，不过是常人麻痹自己平淡无奇生活的方式，而在爱情面前，他们仍然选择追求内心的每一份悸动。

　　有了陆小曼的徐志摩如鱼得水，诗兴大发。他曾这样描述为陆小曼心动的事："今晚在真光我问你记否去年第一次在剧院觉得你发鬓擦着我的脸"，就是这样的心性，持续发酵着两人的恋爱生活。

　　在与陆小曼恋爱的过程中徐志摩留下了许多脍炙人口的爱情诗句，如《花的快乐处》《翡冷翠的一夜》《春的投生》《一块晦色的路牌》等。徐志摩对小曼讲："我的诗魂滋养全得靠你，你得抱着我的诗魂像母亲抱孩子似的，他冷了你得给他穿，他饿了你得喂他食——有你的爱他就不愁饿不怕冻，有你的爱他就有命！"

　　陆小曼选择了守护他的诗魂，不曾撤离他的身边，殊不知，也正是志摩的诗滋养了陆小曼的魂，点亮了她浪漫的天空。徐志摩曾写过一首描述女人爱与恨的诗《为的是》，诗中呼唤着：

　　女人：

　　我对你祈祷，

　　我对你礼拜，

　　我对你乞讨，

　　为的是……

女人：

我对你发痴，

我对你颓废，

我对你作诗，

为的是……

女人：

我拿你咒骂，

我拿你凌迟，

我拿你践踏，

为的是……

自然，为的是那又爱又恨，割舍不开的人吧。陆小曼认为徐志摩才是真正意义上教会她爱的第一人，为此感叹道："爱，这个字本来我不认识的，我是模糊的，我不知道爱也不知道苦，现在爱也明白了，苦也尝够了；再回到模糊的路上去倒是不可能了，你叫我怎么办？"

看看，如此相仿的两人，爱憎分明，模糊不得的两人，怎么不是佳偶天成呢？凝聚着徐志摩满满爱意的代表作《爱眉小札》，字字句句倾诉着诗人的爱恋，少一分则寡淡，多一分则造作。

徐志摩说："爱的生活也不能纯粹靠感情，彼此的了解是不可少的。爱是帮助了解的力，了解是爱的成熟，最高的了解是灵魂的化合，那是爱的圆满功德。"

我们从未有过爱情里的那般激情与好奇去了解一个人，爱他所爱，烦他所烦，忧他所忧，怜他所怜，喜他所喜，好似要把自己融入另一个灵魂，也好似要拉拢另外一个灵魂在自己的世界里面安营扎寨，哪怕成为永恒的钉子户，也甘之如饴。

徐志摩还说："眉无摩不自得，摩无眉更手足不知所措也。"或许也可以用另外一句话来形容吧，爱是一种需要。如果你的心里缺了一个五角形的洞，而我恰好是一颗五角星，谁也离不开谁，依赖在彼此的相守中逐渐缝合那道缺口，所以一旦撕裂，便是生离死别般的痛楚和不舍。这样真挚的呢喃耳语成了他们表达爱意的最动听的声音。

吟诗作画也只是陆小曼多彩生活的一个短小篇章，更绚丽夺目的是她在社交和舞台的表现。婚后南下上海的陆小曼，为上海舞厅增添了一道亮丽的风景。兴致来时，她也去电影客串角色，捧一捧角儿。

　　1927 年 12 月 6 日，在上海静安寺路上的夏令赔克影院里上演了一场《三堂会审》，这是由天马剧艺会举办的京剧票友会，这折戏是《玉堂春》中最为高潮的一部分，讲的是被诬谋害前夫的民女苏三冤情得以昭雪，并和山西巡按王金龙历尽千难万阻，终成眷属的故事。戏中饰演主角苏三的便是陆小曼，男主角的饰演者是一个叫翁瑞午的男人，而徐志摩，为哄小曼开心，在这一部戏中跑了一次龙套。

　　两人的社交生活是充满诗味的。徐志摩是个对朋友最热情的人，家中常常座上客满，人满为患；歌舞升平里青烟袅袅，但见妙龄女郎腰肢婀娜，在舞池中翩翩而舞。

　　徐志摩擅于社交，不仅与国内的许多文人都有密切的交往，而且也与国外的名人交情甚深。透过徐志摩，陆小曼也得到了更多与外国人交流的机会。1929 年，陆小曼和他一起接待泰戈尔来华，那天船到码头，泰戈尔只带了一位秘书，所以徐志摩就全程充当他的翻译。

　　他们把泰戈尔送去下榻的酒店，安排了一间颇具印度风味房间。谁知老诗人对他们费尽心思准备的房间并不喜欢，反而对陆小曼和徐志摩的卧室颇具好感。他说："我爱这间饶有东方风味、古色古香的房间，让我睡在这一间吧！"

　　他是那样地自然，和蔼，一片慈爱地抚着陆小曼的头管她叫小孩子。泰戈尔对陆小曼这位东方女子有着特别的好感，三人常常谈到深夜不忍分开。

幸福搁浅情难了

　　幸福的生活总是快乐而短暂的，关于陆小曼的故事也就是从这里开始悄然发生转折。

　　陆小曼极尽排场的生活和吸食鸦片的巨大花销，令徐志摩感到压力倍增。为了满足小曼各方面的开支，1930 年秋，徐志摩索性辞去了上海和南京的职务，应胡适之邀，任北京大学教授，兼北京女子师范大学教授，一度辗转于京沪之间。为了省钱，徐志摩经常搭乘免费的邮政飞机。仅 1931 年的上半年，徐志摩就在上海、北京两地来回奔波了八次。

　　1931 年 11 月 11 日，徐志摩搭乘张学良专机飞抵南京，于 13 日回到上海家中。不料，夫妇俩一见面就因生活琐事开始吵架。

当时陆小曼大发脾气，性急之下随手把烟枪往徐志摩脸上掷去，徐志摩连忙躲开，幸未击中，金丝眼镜掉在地上，玻璃碎了。这一击，击碎了徐志摩对爱情的理想浪漫情结，他负气出走，离开这个曾经眷念万分的爱巢。

然而，令陆小曼没有想到的是，徐志摩这一走，便再也没有回来。

原来徐志摩本打算乘张学良的专机回北京。但临行前，张学良通知他因事改期，于是徐志摩搭乘了一架邮政飞机回北京。因大雾影响，飞机中途在济南触山爆炸，机上连徐志摩共三人，无一生还，徐志摩时年 35 岁，此时陆小曼仅 29 岁。

深夜，南京航空公司主任保君建，敲响了上海徐公馆的大门，带来了徐志摩坠机身亡的消息。陆小曼不愿接受这个消息，更不肯相信这个现实，拼命地把他挡在门外，似乎这样便可挽回一切悔恨和拯救一切痛苦。

　　"轻轻的我走了，正如我轻轻的来；我轻轻的招手，作别西天的云彩。"如他的诗一样，徐志摩安静地出现在陆小曼的身边，在她对爱情婚姻彻底失望的时候，给了她希望和勇气。他带她来到上海，领略另一个绚烂的世界。然而，却在这段关系的途中，他悄悄地撒守，一个人离开了世界，也离开了所有爱他的人。

　　失去的才是永恒怀念的。陆小曼在后来的悼念志摩的诗中这样感叹道："肠断人琴感未消，此心久已寄云峤；年来更识荒寒味，写到湖山总寂寥。"电影《春光乍泄》中有这样一句台词："我站在瀑布前，觉得非常地难过，我总觉得，应该是两个人站在这里。"每每在看见世间绝妙风景的时候，最是令人感到难过与寂寥，这么美的景色，竟然没有人一同分享，料想这就是小曼写到"湖山总寂寥"的缘由吧。

　　徐志摩现场唯一一件遗物是陆小曼所作的山水画长卷，因放在铁盒中，故得以保存下来。此后陆小曼性格大变，不再出去交际，终日闭门不出。在她卧室里高悬着徐志摩的大幅遗像，每隔七日，总要买一束鲜花献给他。在她给徐志摩的挽联上写满了浓浓爱意与深切思念，上联是："多少前尘成噩梦，五载哀欢，匆匆永诀，天道复奚论，欲死未能因母老"；下联为："万千别恨向谁言，一身愁病，渺渺离魂，人间应不久，遗文编就答君心。"

如果说徐志摩是陆小曼这一生最不可替代的灵魂伴侣，那么翁瑞午的出现，则完美地演绎了生活伴侣的角色。

翁瑞午，其父翁印若曾任桂林知府，绘画负有盛名，家中书画藏品甚多。翁瑞午天资聪颖，京戏、画画、鉴赏古董样样通，又做房地产生意，是一个文化掮客，被胡适称为"自负风雅的俗子"。

徐志摩在世时，三人关系就十分融洽，徐志摩每每囊中羞涩之时，翁瑞午不惜变卖家藏字画接济他。徐志摩死后，陆小曼为了麻醉自己，更难以摆脱鸦片的习好，她吸食鸦片的巨额花销都由翁瑞午所承担。

陆小曼曾说过自己和翁瑞午之间的关系：我与翁最初绝无苟且瓜葛，后来志摩坠机死，我伤心至极，身体太坏。翁瑞午家有贤惠的妻子和五个可爱的儿女，所以陆小曼向翁瑞午提出要求，不许他抛弃发妻，不与他正式结婚。两人像一对生活伙伴，相互扶持，相互依赖。而翁瑞午，同时奔波于家人与陆小曼之间，两头照顾。

陆小曼在徐志摩死后与翁瑞午同居的事情，她本人亦不讳言。在上海中国画院保存着陆小曼刚进院时写的一份"履历"，里面有这样的词句：我廿九岁时志摩飞机遇害，我就一直生病。到1938年卅五岁时与翁瑞午同居。翁瑞午在1955年犯了错误，生严重的肺病，一直到现在还是要吐血，医药费是很高的，还多了一个小孩子的开支。我又时常多病，所以我们的经济一直困难。翁瑞午虽有女儿给他一点钱，也不是经常的。我在1956年之前一直没有出去做过事情，在家看书，也不出门，直到进了文史馆。

这样一来，时间和事实都已很明确，陆小曼因此受到外界的强烈指责。也正是这种异常孤立无援的处境，才让她义无反顾地接受翁瑞午的照顾。

由于吸食鸦片，陆小曼的肠胃不好，那时候蜂蜜很贵，翁瑞午却给她买很多；小曼不爱吃牛奶，她认为人奶营养价值更高，翁瑞午就给她请奶妈。小曼吃了鸦片后，鼻子下面就出现黑黑的印痕，她用一板嫩豆腐来揉擦，不一会儿就将黑黑的印痕擦掉了。

其实，胡适曾向陆小曼伸出过援助之手，他提出，只要她与翁瑞午断交，以后一切由他负全责。陆小曼委婉地拒绝了他的要求，她说："瑞午虽贫困已极，但始终照顾得无微不至，二十多年了，吾何能把他逐走呢？"足以见得，她对翁瑞午也是有感情的，她的感情世界只是多情并非滥情。

感情的世界里，翻云覆雨，诡谲多变，只有爱或不爱，没有对或不对。面对情愫的诱惑，无论赴约还是爽约都会成为生命的一种遗憾，要么遗憾没能尽情地爱过，要么遗憾孤独不被世人理解。席慕蓉曾经在她的《诱惑》一诗中完美地描述了这种矛盾的心情：

终于知道了

在这叶将落尽的秋日

终于知道什么叫作诱惑

永远以绝美的姿态

出现在我最没能提防的

时刻的

是那不能接受也

不能拒绝的命运

而无论是哪一种选择

都会使我流泪

使我在叶终于落尽的那一日深深地后悔

徐志摩和翁瑞午无疑是小曼不能接受也不能拒绝的命运，恰好出现在她生命最没提防的时刻，给予她无限宠爱，前者是爱情那么后者更多的则是亲情。翁瑞午对陆小曼的牵挂一直延续，在他 1960 年去世以后，他的女儿翁香光受父亲之托继续照顾陆小曼。

翁香光说："其实陆小曼也蛮可怜的，徐家的公公不喜欢她，不让她参加徐家的所有婚丧喜事；我家也是同样的。但是她还是蛮想到我们家的。有一年，她让裁缝做了 5 套新衣服给我们 5 个兄弟姐妹。在妈妈去世后，当我们家里的丧事统统办完后，她让爸爸带着我和两个妹妹国光和重光到陆家去。父亲和陆小曼烧了桌好菜给我们吃。想想他俩，也算很苦心为人了。"

陆小曼在上海文史馆填写的表格上，将翁瑞午写在"家庭人员情况"一栏里，视他为自己家里人，从而清楚地表明了陆小曼的心迹。无论是哪一种感情，在时间的漫漫长河里最终沉淀出来的都一定是亲情，而陪伴无疑是最长情的告白。

　　除去激烈的爱情，陆小曼也有过暧昧的情愫，对象即是胡适，后来也有人将两人之间的这种感情解读为"深挚的友情"。

　　他们之间往来的信件中，记录着这样的语言：

　　"我就用这封信来代替我本人，因为我的人不能来到你身边。我希望我的心可以给你一点慰藉。"

　　"你怎么又发烧了？难道你又不小心感冒了？今天体温多少？我真是焦急，真希望我能这就去看你，真可惜我不可能去看你。我真真很不开心。"

　　"喔！我现在多么希望能到你的身边，读些神话奇谭让你笑，让你大笑，忘掉这个邪恶的世界。你觉得如果我去看你的时候，她刚好在家会有问题吗？请让我知道！"

　　只是胡适始终不同意她和翁瑞午在一起，面对陆对翁的义无反顾的感情，他们之间的若有若无的情愫也就逐渐淡释了。

　　曾经沧海难为水，除却巫山不是云。取次花丛懒回顾，半缘修道半缘君。总是在失去后才会懂得珍惜，懂得分辨，懂得取舍。年轻气盛的时候总觉得所有的赞美与光环自己都当之无愧，不免沉溺于声色犬马的花花世界，享受众星捧月。

年老时才明白，自己需要的不过是唯有一人心，长伴无绝衰。陆小曼的一生，得到了两个男人的真心相待，也得益于他们的呵护，她能够在自己的世界里做一辈子的公主，任凭世人的目光如何，她也要执着地演绎最真实的自己。

落花无语，默读悲伤

晚年的陆小曼终于脱离了别人的援助，慢慢开始自力更生。在赵家璧和赵清阁的鼓励下，她选择画画，师从贺天健，苦练十年，渐渐形成自己的画风，格调幽雅清远。代表作有《江边绿阴图》轴，《黄鹤楼图》等。

1956 年，在上海美协举办的一次画展中，有陆小曼的一幅作品参加展出。有一次，陈毅去参观，看到画上署名"陆小曼"，就问身边的人："这画很好嘛！她的丈夫是不是徐志摩？徐志摩是我的老师。"

得到肯定的回答后，陈毅诧异沉寂多年的陆小曼居然还在，又得知陆小曼就住在上海，生活无着，陈毅就说："徐志摩是有名的诗人，陆小曼也是个才女，这样的文化老人应该予以照顾。"

不久，陆小曼被安排为上海文史馆馆员。当年她还成了农工民主党徐汇区支部委员，后来上海画院又吸收她当了画师，1959 年，她成为上海市人民政府参事室参事。

年轻时的自由放纵带给陆小曼的是一个孤独安静的晚年，谈不上好，也谈不上不好。在一次偶遇郁达夫妻子王映霞时，她说："过去的一切好像做了一场噩梦，甜酸苦辣，样样味道都尝遍了。如今我已经戒掉了鸦片，不过母亲谢世了，我又没有生儿育女，孤苦伶仃，形单影只，出门一个人，进门一个人，真是海一般深的凄凉和孤独，像你这样有儿有女有丈夫，多么幸福！如果志摩活到现在，该有多么美啊！"

隔了一会儿，她又说："幸而生活还安定，陈毅市长聘我为上海文史馆馆员，后调为市人民政府参事，上海画院又聘我为画师。我只好把绘画作为我的终身伴侣了。"我们无从揣测她是否后悔放弃曾经的那个可能的孩子，孤苦伶仃的老年终归是羡慕子孙满堂的吧。

陆小曼晚年最念念不忘的是徐志摩作品出版的事。不过徐志摩的著作，除了已经出版的书籍，有不少三三两两地散留在杂志和刊物上，需要大范围地收集整理，显然是一件烦琐的工作，幸而有赵家璧从一旁协助，最终编好了十集诗选。

等到快出版时，八年抗战开始了。陆小曼在自己的回忆日记里写道："在病中，我一想起志摩生前为新诗创作所费的心血，为了新文艺奋斗的努力，有时一直写到深夜，绞尽脑汁，要是得到一两句好的新诗，就高兴得像小孩子一样地立刻拿来我看，娓娓不倦地讲给我听，这种情形一幕幕地在我眼前飞舞，而现在他的全部精灵蓄积的稿子都不见了，恐怕从此以后，这世界不会再有他的作品出现了。想到这些，更增加我的病情，我消极到没法自解，可以说，从此变成了一个傻瓜，什么思想也没有了。"抗战结束后，《志摩诗选》得以出版，陆小曼拖着病魔折磨得瘦弱不堪的身体坚持作序。

十年生死两茫茫，不思量，自难忘。从序中可以看到她对徐志摩在自己生命整个过程中的无限怀念。用文字再回忆过往的人生，只能报以唏嘘不已的慨叹，人生无常，冷暖之感只有当下人才能体味吧。

谈起那场飞机事故，陆小曼回忆道："他平生最崇拜英国的雪莱，尤其奇怪的是他一天到晚羡慕他覆舟的死况。他说希望他将来能得到雪莱那样刹那的解脱，让后世人谈起就寄予无限的同情与悲悯。他的这种议论无形中给我一种对飞机的恐惧心，所以我一直不许他坐飞机，谁知道他终于还是瞒了我愉快地去坐飞机而丧失了生命。这真是一件不可思议的事。"

1964 年，陆小曼病重住院。临终前几天，陆小曼嘱咐堂侄女陆宗麟把梁启超为徐志摩写的一副长联以及她自己的那幅山水画长卷交给徐志摩的表妹夫陈从周先生，《徐志摩全集》纸样则给了徐志摩的堂嫂保管。

在友人赵清阁来探望她时，她仍不忘嘱托赵家璧说："有机会的话，请你帮着出版那套《徐志摩全集》。"赵家璧安慰她说："你放心好了，志摩的书将来肯定会出，而且会越出越多。一定会出版一种以上的全集本的。"听完赵家璧的话，陆小曼宽慰地笑了。

果不出陆小曼所料，入冬后她的病加重了。勉强挨到 1965 年的暮春，她终日咳嗽不止，人愈发消瘦。有一天，赵清阁又去看她，她上气不接下气地说："我不会好了，人家说 63 岁是一个关口……最近我常常梦见志摩，我们快……快重逢了！"

1965 年 4 月 3 日，一代才女陆小曼在上海华东医院逝世，享年 63 岁。她没有留下什么遗嘱，她最后一个心愿就是希望与志摩合葬。因受到徐志摩儿子的反对，这一心愿最终也未能实现。

在陆小曼灵堂上，只有一副挽联：

推心唯赤诚，人世常留遗惠在；

出笔多高致，一生半累烟云中。

起初，她的骨灰一直未安葬，暂寄在骨灰堂。到了 1988 年，陆小曼的堂侄，远在台湾的陆宗木出资为她在苏州东山华侨公墓建造了纪念墓，墓碑上书"先姑母陆小曼纪念墓"，墓上还有一张陆小曼年轻时的相片，脸上露着灿烂的笑容，旁边青松环绕。至此，这位坎坷一生、才华横溢的女子最后画上了一个孤单的句号。

岁月的长河且深且浅，且急且缓。时间的磨盘转得很慢，但却磨得很细。游戏人生的人常常会感叹不知怎的，反被人生游戏了。像陆小曼这样经历大起大落、看尽花开花谢，最后仍然倔强地用最美好的事物来诠释生命的人并不常见。

所以她值得我们用文字去怀念，去回味。关于爱情，她敢爱敢恨，勇于面对真实的内心而不畏惧任何舆论压力。她用尽全力拥抱徐志摩，用尽耐心陪伴过翁瑞午。毛姆曾经在《面纱》里面这样展示恋爱中情人眼中的对方："我知道你愚蠢、轻佻、头脑空虚，然而我爱你。我知道你的企图、你的理想，你势力、庸俗，然而我爱你。我知道你是个二流货色，然而我爱你。"

直白的内心并不全然如诗歌般美好，爱情也不全然如诗歌般浪漫，然而敢于承认爱，就如同把自己的软肋交给了对方。如果在这一对恋爱关系上再加上一层社会伦理关系，那更是将自己的所有伤口交付给了舆论。

我从来不忍心用恋爱中的表现去评价一个人的优劣，陆小曼也并不全然是凭借她的爱情被人所知晓。静下心来看一看小曼的画，读一读小曼的诗，阅一阅陆小曼的日记吧，用心去了解，你一定会发现一个勇敢、纯真、洒脱、娇憨、倔强的陆小曼。

卷 五

爱则极致，恨则刻骨——萧红

洪荒之中的旷世绝恋

在几千年的男权社会中，中国女性的地位无疑是很低的，"女子无才便是德"的观念束缚着她们的思想、她们的生活和她们的灵魂。在这低矮的天空下，女性依靠的只有自己的父亲、丈夫、兄弟，想要发展自身的独立兴趣难上加难。

萧红是幸运的，她出生在一个新旧交替的时代，社会以更宽容的姿态给了不同群体更多的自由。女性得以有接受教育的机会，她们纷纷走向社会，实现价值。同时，她们又是不幸的，虽然顽固的思想已松动，却并未被摧毁。一个追求高飞的女性在别人的流言蜚语和周围人的阻挠中想要冲出重围可谓困难重重。

萧红说过：女性的天空是低的，羽翼是稀薄的，而身边的累赘又是笨重的。写作是萧红抵御孤独的翅膀，当孤独风雨迎面扑来，这位弱小的女子用文字撑起一片自由飞翔的天空，在这方低矮的天堂里留下不朽的痕迹。

萧红，原名张乃莹。出生于东北一个地主家庭，相对优渥的家庭环境并没有给她创造一个无忧无虑的成长环境，父亲的苛责、贪鄙、吝啬甚至无情在少女的心中埋下一颗颗潮湿而晦暗的种子。

母亲的离世给这个家庭带来了更多的风雨凋零，父亲的行为因此更加乖戾诡异。受了委屈的萧红总是喜欢围着祖父，听他用神奇的想象编织着引人入胜的故事。

老人的微笑是冰冷家庭中唯一的一丝暖意，轻轻吹拂着少女的心。祖父总是摸着她的头喃喃自语："长大了就好了，长大了就好了。"祖父年迈，最终离开了萧红，于是"长大"成了萧红生命中的一直追寻的梦想。

二十岁的时候，萧红终于逃离了这个冰冷的家，从此开始了她一生的流浪。

弗洛伊德有一个著名的精神分析理论叫作"俄狄浦斯情结"，通俗地讲就是"恋母情结"或者是"恋父情结"，这是精神分析的一个术语。

弗洛伊德在描述俄狄浦斯情结时提出孩子在幼年成长的过程中，会向外界寻求一个性对象，一般来说，男孩会以母亲作为这个对象，女孩则会以父亲作为这个对象。

而小孩做出这样的选择，一方面是自己的"性本能"，另一方面也有情人刺激加强这种倾向的原因，不可否认，萧红的童年成长经历对她今后的文学创作产生了很重要的影响。

童年时期的萧红本能地在父亲的身上寻求一种来自父辈的关爱，但是父亲的冰冷疏远让她远远没有得到这种满足，祖父的疼爱虽在一定程度上有所填补，却不及父爱缺失给萧红带来的灵魂创伤，母亲去世之后，"温暖"二字开始在萧红的生命记忆中渐渐褪色。

当历经人间的喜怒之后，蓦然回首，萧红幼时对爱和温暖的追求让她像飞蛾扑火一样，为每段感情燃烧着自己的一切。然而命运弄人，在一幕幕人生的折子戏里依稀看得见历经挫折的萧红如何在疼痛中挣扎与成长。

那些往事如流水一样冲撞着记忆……

怀着青春幻想的萧红第一次与爱情相遇，她和汪恩甲因为父亲的包办婚姻而走在了一起，却又很快分道扬镳。

汪家是商人，萧红的父亲为了利益不顾她的意愿定下了这门亲事，然而却遭到了萧红的激烈反对，而后萧红和汪恩甲结合有了身孕，正以为命运将要以这种方式将两个人捆绑在一起，汪却在山穷水尽之际抛下萧红默然离开，留下的债务全部压在这弱女子的肩上。

举目无亲，宿处萧索。萧红在破旧的旅馆中苦苦挣扎，经济极度窘迫，伴随着这段感情走向死亡，她的人生也走入了绝境。

饥饿难耐时，患胃病的萧红没有吃食，这种物质的紧缺让她精神上绽放花朵，她把在绝境里想要通过偷盗来获得食物的强烈心情用文字记录下来，却又在后面强烈地谴责这种堕落。

她把甚至想偷隔壁面包圈的念头写进文章里，又痛苦地剖析自己的"堕落"，真实而丰腴。

她像梵高笔下那株向日葵，哪怕处于痛苦的绝境，依然向着周围张扬着她生命的活力。穷途末路的绝望和细微的欢欣在她的笔尖滑动飞舞，融入生命，融入后世人对萧红的印象。

在窘迫的生活条件下，怀孕的萧红经历的痛苦无人能够理解。

成长给她带来了幻灭，时间也给她带来解脱。终于在 1932 年 7 月，位于哈尔滨的《国际协报》编辑部收到一封求救信。一个女子被困在旅馆中，没有钱交付巨额房租，旅馆老板甚至准备把她卖到妓院来抵债。

写信的女子名叫张乃莹，是一个文学爱好者，后来她有一个更为人熟悉的名字：萧红。命运的齿轮缓缓转动，萧军——这个对萧红的人生轨迹促成巨大转变的男人终于出现了，决定前往那家旅馆去看望她。

"她只穿了一件原来是蓝色、如今显得褪了色的单长衫，开气有一边已经裂到膝盖以上了，小腿和脚是光赤着的，拖着一双变了形的女鞋。"这是萧红留给萧军的第一印象。在旅馆被困已久的萧红终于抓住了一根救命稻草，萧军的到来让她非常惊喜。当萧红得知萧军就是自己仰慕的作家三郎后，这份惊喜更是变为了高山流水知音相遇的激动。

年轻的萧红在茫茫人海中茕茕孑立，终于遇到一位知己，于是打开心扉，把自己的悲惨身世和不幸遭遇，难言的屈辱和痛苦的心情，对爱和美的渴望与追求，尽情地倾述出来。

萧军仔细阅读了萧红的文学作品，对她的才华和灵气赞叹不已。此时，在萧军的心中，被命运牵扯着的一股莫名情感也在渐渐滋长起来。在这样一个乱世，两人的相遇打开了一段奇妙的缘分，冥冥之中萧军觉得找到了自己的灵魂女神。

雨季的哈尔滨沦陷为水的世界，到处都是灾难和灾难碰撞的碎响。躲在屋子里的萧红与萧军彻夜长谈，他们忘却了旅馆外的世界，忘却了自我。萧红，不正是自己苦苦寻觅的灵魂伴侣吗？萧军对萧红的遭遇很是同情，想要帮助萧红脱离这个困境，但心有余而力不足。雨季到来，雨一直不停地下，仿佛老天爷也在为萧红的遭遇掬一把同情泪。

大雨整整下了 27 天，洪水涌进了哈尔滨，整个城市都变为了泽国，萧红住的这个地方也未能幸免。

一个怀了孕的女子在风雨里兀自挣扎，无论何时，她眼里的光亮都透着勇敢和坚毅。第一次看见这个女子的萧军为她感到深深钦佩的同时也感到一丝丝心疼。可是当这个魁梧大汉出现在自己屋子里的时候，萧红知道自己终要得救了。小船在被淹没的城市里漂泊着，船上的两人在绝境中紧紧相依，于是萧红就借助这场洪水乘船离开了旅馆，和前来寻找她的萧军走在了一起。

萧红一生憎恶"冰冷"，努力追求"温暖"和"爱"。她的那份"温暖"因为"冰冷"而升温，"爱"因为"憎恶"而更加强烈，爱就要爱到极致，恨却要恨到刻骨。

女人有了爱情的滋润后，就像枯萎的花儿重逢了甘露。与萧军相识后的萧红就此走上了人生的另一个阶段。

萧军是萧红一生中浓墨重彩的一笔，萧红的狼狈成长，萧红的颠沛流离，萧红的刻骨情感都和这个男人牢牢地绑在了一起。

萧红和萧军都是笔名，取"小小红军"的意思，将执笔仗剑的名字取成这样，他们之间的亲昵可想而知。萧军对萧红的爱情见证在他写下的三首短诗默然开放：

（一）

浪儿无国亦无家，只是江头暂寄槎；

结得鸳鸯眠便好，何关梦里路天涯。

（二）

浪抛红豆结相思，结得相思恨已迟；

一样秋花经苦雨，朝来犹傍并头枝。

（三）

凉月西风漠漠天，寸心如雾亦如烟；

夜阑露点栏杆湿，一是双双俏倚肩。

　　文人间的感情就是这么纯粹，一首短诗就能将心中所感，心中所念囊括其中。

　　柔弱敏感的萧红对萧军的依恋满足了萧军被需要的心理，他们之间不仅有爱侣间的激情，萧军对萧红还有一种犹如父爱般的宠溺。

　　萧红和萧军度过了一段如胶似漆的日子，只是萧红没有料到，在困难中给她一只手，将她拉出泥潭的那个人，却在迷恋狂热消退后，为她带来了困扰。一场洪水缔造的爱情在洪水消退之后亦开始渐渐褪色。

　　从曾经仰视与被仰视、需要与被需要的情感关系中走出来，他们这才发现爱情在生活面前竟要面临如此严峻的考验。萧红的柔弱敏感，萧军的刚烈粗犷本是他们互相吸引的分子，然而也正是这份柔弱敏感和刚烈粗犷的碰撞，成为他们渐行渐远的催化剂。

　　生活在一起之后，萧红和萧军的矛盾也渐渐凸显，性格不合成为两人之间最大的问题。

萧军从小独立成长，只有祖父的疼爱，所以独立性很强。后又参加了军队，在部队中练就了强健的体魄，以及刚烈的个性。他曾说："对于任何外来的、敢于侵害我的尊严的人或事常常是寸步不让，要以死相拼；但对弱者，我是容忍的。"对弱者，他是容忍的。短暂的柔弱软弱可能会激起他一时的怜惜，但是当这个柔弱变成了缠绕他的束缚，怜惜就会被厌恶代替，性格中的强硬反而恶化了两人的关系。

而曾经以一个"弱"的形象出现在萧军面前的萧红，从小便生活在父爱缺乏的环境中，对爱就有种本能的索取，加上追求浪漫幻想的少女情怀，在被汪恩甲伤害之后，她变得忧郁敏感，稍有不如意，就会悲伤孤独，这恰恰是萧军眼中的弱。

萧军自己也说过她不是自己的妻子，更像是自己的孩子。萧红的性格特点恰恰是萧军所惧怕的，这种依赖如同枷锁将他越捆越紧，甚至上不来气。他们之间的嫌隙也在随着时间的积聚越来越大。

1936 年时，萧军和萧红的感情开始出现更大的问题。于是，萧红决定去日本养病，彼此分开一段时间。她将对萧军的思念化作一封封的书信，期望借此来维系两人之间的关系。从离开上海时她写道：

由船上寄——上海

（1936 年 7 月 18 日发）

君先生：

海上的颜色已经变成黑蓝了，我站在船尾，我望着海，我想，这若是我一个人怎敢渡过这样的大海！

这是黄昏以后我才给你写信，舱底的空气并不好，所以船开没有多久我时时就好象要呕吐，虽然吃了多量的胃粉。

现在船停在长崎了，我打算下去玩玩。昨天的信并没写完就停下了。

到东京再写信吧！祝好！

莹　七月十八日

到日本后的点点滴滴，她都记录下来写给萧军，期望他可以和她一起分享：

第五信

日本东京——青岛

（1936 年 8 月 17 日发）

均：

今天我才是第一次自己出去走个远路，其实我看也不过三五里，但也算了，去的是神保町，那地方的书局很多，也很热闹，但自己走起来也总觉得没什么趣味，想买点什么，也没有买，又沿路走回来了。觉得很生疏，街路和风景都不同，但有黑色的河，那和徐家汇一样，上面是有破船的，船上也有女人，孩子。也是穿着破皮衣裳。并且那黑水的气味也一样。像这样的河巴黎也会有！

你的小伤风既然伤了许多日子也应该管它，吃点阿司匹林吧！一吃就好。

现在我庄严地告诉你一件事情，在你看到之后一定要在回信上写明！就是第一件你要买个软枕头，看过我的信就去买！硬枕头使脑神经很坏。你若不买，来信也告诉我一声，我在这边买两个给你寄去，不贵，并且很软。第二件你要买一张当作被子来用的有毛的那种单子，就像我带来那样的，不过更该厚点。你若懒得买，来信也告诉我，也为你寄去。还有，不要忘了夜里不要（吃）东西。没有了。以上这就是所有的这封信上的重要事情。

照相机现在你也有用了，再寄一些照片来。我在这里多少有点苦寂，不过也没什么，多写些东西也就添补起来了。

旧地重游是很有趣的，并且有那样可爱的海！你现在一定洗海澡去了好几次了？但怕你没有脱衣裳的房子。

你再来信说你这样好那样好，我可说不定也去，我的稿费也可以够了。你怕不怕？我是和（你）开玩笑，也许是假玩笑。

你随手有什么我没看过的书也寄一本两本来！实在没有书读，越寂寞就越想读书，一天到晚不说话，再加上一天到晚也不看一个字我觉得很残忍，又像我从（前）在旅馆一个人住着的那个样子。但有钱，有钱除掉吃饭也买不到别的趣味。祝好。

萧上　八月十七日

洋洋洒洒，每封信里都写满了对萧军的思念。她总是闹着要回来，然后又说那只是一时戏言，她肯定是要在日本好好养病的，但是，又有谁知道在思念萧军的无数个日夜里，萧红没有产生过说走就走的冲动呢？

第九信

日本东京——青岛

（1936 年 8 月 31 日发，9 月 6 日到）

均：

不得了了！已经打破了纪录，今已超出了十页稿纸。我感到了大欢喜。但，正在我（写）这信，外边是大风雨，电灯已经忽明忽暗了几次。我来了一个奇怪的幻想，是不是会地震呢？三万字已经有了二十六页了。不会震掉吧！这真是幼稚的思想。但，说真话，心上总有点不平静，也许是因为"你"不在旁边？

电灯又灭了一次。外面的雷声好像劈裂着什么似的！……

我立刻想起了一个新的题材。

从前我对着这雷声，并没有什么感觉，现在不然了，它们都会随时波动着我的灵魂。

灵魂太细微的人同时也一定渺小，所以我并不崇敬我自己。我崇敬粗大的、宽宏的！……

我的表已经十点一刻了，不知你那里是不是也有大风雨？

电灯又灭了一次。

只得问一声晚安放下笔了。

莹　卅一日夜。八月

第十信

日本东京——青岛

（1936 年 9 月 2 日发）

均：

这样剧烈的肚痛，三年前有过，可是今天又来了这么一次，从早十点痛到两点。虽然是四个钟头，全身就发抖了。洛定片，不好用，吃了四片毫没有用。

稿子到了四十页，现在只得停下，若不然，今天就是五十页，现在也许因为一心一意的缘故，创作得很快，有趣味。

每天我总是十二点或一点睡觉，出息得很，小海豹也不是小海豹了，非常精神，早睡，睡不着反而乱想一些更不好。不用说，早晨起得还是早的。肚子还是痛，我就在这机会上给你写信。或者凡拉蒙吃下去会好一点，但，这回没有人给买了。

这稿既然长，抄起来一定错字不少，这回得特别加小心。

不多写了。我给你写的信也太多。

祝好。

肚子好了。

二日五时。

莹　九月二日

在萧红的信里，稚拙的笔触仿佛出自一位不谙世事的小姑娘，偷偷地打开外面世界的一角，悄悄张望。文字里流淌的不过是些无关痛痒的事，可是你总能从这些看似轻快的话语里隐约感到背后的苍凉。

萧红说："我虽写信并不写什么痛苦的字眼，说话也尽是欢乐的话语，但我的心就像被浸在毒汁里那么黑暗，浸得久了，或者我的心会被淹死的，我知道这是不对，我时时在批判着自己，但这是情感，我批判不了，我知道炎暑是并不长久的，过了炎暑大概就可以来了秋凉。"

第二十四信

日本东京——上海

（1936 年 10 月 24 日发）

军：

关于周先生的死，二十一日的报上，我就渺渺茫茫知道一点，但我不相信自己是对的，我跑去问了那唯一的熟人，她说："你是不懂日本文的，你看错了。"我很希望我是看错，所以很安心地回来了，虽然去的时候是流着眼泪。

昨夜，我是不能不哭了。我看到一张中国报上清清楚楚登着他的照片，而且是那么痛苦的一刻。可惜我的哭声不能和你们的哭声混在一道。

现在他已经是离开我们五天了，不知现在他睡到哪里去了？虽然在三个月前向他告别的时候，他是坐在藤椅上，而且说："每到码头，就有验病的上来，不要怕，中国人就专会吓呼（唬）中国人，茶房就会说：验病的来啦！来啦！……"

　　我等着你的信来。

　　可怕的是许女士的悲痛，想个法子，好好安慰着她，最好是使她不要静下来，多多的和她来往。过了这一个最难忍的痛苦的初期，以后总是比开头容易平伏下来。还有那孩子，我真不能够想象了。我想一步踏了回来，这想象的时间，在一个完全孤独了的人是多么可怕！

　　最后你替我去送一个花圈或是什么。

　　告诉许女士：看在孩子的面上，不要太多哭。

红

十月二十四日

　　萧红，用写给萧军的书信，把她这段时间在日本的生活情感宣泄出来，想要和萧军共享，重拾过去的美好。

　　可出彩的文字终究拯救不了爱情的裂纹，美梦醒来伴随着强烈的阵痛。回国后等待萧红的不是爱人的欢喜，而是萧军已然另结新欢的消息。这些信不仅是萧红对这段感情的最后努力，也是萧红当时心境的最好表述。

　　三毛说："爱情是彩色气球，无论颜色如何艳丽，禁不起针尖轻轻一刺。"对萧红和萧军来说，爱情所受的"针尖"到底是什么？对萧红来说，可能是萧军的过于自负、暴躁、大男人主义、家暴和外遇，但对萧军来说，可能是萧红的多愁善感、体弱多病和后来的分居。

萧军绯闻不断，深深折磨着柔弱敏感的萧红。

1936年7月，萧红接受了鲁迅的建议，再赴日本。这时候，她生命中另一个重要的男人出现了，也是这个人，成就了萧红的最后的绚烂。

萧红的离开，是希望借助别离的空间，挽救濒临灭绝的感情。已怀有萧军骨肉的萧红，遇上端木蕻良，将其视为情感出口，终于结束了与萧军的同居关系。

来自东北的爱情想象

　　端木蕻良，这个名字对我们大多数人来说都不算陌生，在九年义务制教育的语文课本里有一篇他写的《土地的誓言》。

　　生于 1912 年的端木蕻良是辽宁昌图人，原名曹汉文，又名曹京平，是现代文坛上著名的作家、小说家。从中学时代起他就受到进步思想的影响，1932 年在清华大学学习期间，他加入北平左翼作家联盟，同时开始文学创作活动。

　　从东北流亡到上海及关内各地的一些青年作者，如萧红、萧军、端木蕻良、舒群、骆宾基、罗烽、白朗、李辉英等人，习惯上被称为"东北作家群"，正是他们，开了抗日文学的先声，第一次把作家的心血，与东北广袤的黑土，铁蹄下的不屈人民、茂草、高粱，合为一体，以一种浓郁的眷恋乡土的爱国主义情绪和粗犷的地方风格，令人感奋。

1937 年 10 月的武汉秋高气爽，端木蕻良第一次与萧红见面。共同来自东北的经历和文人身份给他们带来了很多共同话题，话缘投机让两人对彼此颇生好感。

端木身材瘦高，穿着洋气，说话和声细语，性格内向，文质彬彬，与萧军的粗犷、好强、豪放、野气形成鲜明对比，尤其让萧红感到欣慰的是端木"不只是尊敬她，而且大胆地赞美她的作品超过了萧军的成就"，这使她感受到一个来自男性的对她才华的赞赏。正值萧红与萧军之间感情即将破裂，忽而出现的端木带给萧红一股暖流。

1938 年 4 月两人到了武汉，5 月在武汉举行婚礼。当胡风提议让新娘新郎谈谈恋爱经过时，萧红说："张兄，掏肝剖肺地说，我和端木蕻良没有什么罗曼蒂克的恋爱历史。是我在决定同三郎永远分开的时候才发现了端木蕻良。我对端木蕻良没有什么过高的希求，我只想过正常的老百姓式的夫妻生活。没有争吵，没有打闹，没有不忠，没有讥笑，有的只是互相谅解、爱护、体贴。"

寥寥几语，不过是一个女子对于爱情最纯真的感念。

然而萧红与端木蕻良结合后，受到很多朋友的非议与疏远，友情的封锁给她带来了新的烦恼与苦闷。

萧红与端木最初结合是有感情基础的。但两人性格的差异也慢慢在生活中显露出来，当彼此都感到失落与幻灭，感情的悲剧也就不可避免。尽管萧红倔强勇敢，但毕竟需要丈夫的呵护与温存，而端木自幼受到别人照顾溺爱，依赖性很强，又是生活能力很差的人，不会也不懂得要关爱呵护妻子，反而要萧红来为他操心受累。

从武汉撤退时，萧红让端木先走，他就先走了，在香港萧红同意他突围，他就去准备突围了，一走就是很多天。这种只担心自身安危的举动令萧红深感被遗弃。到了后期，两人之间的关系已是貌合神离，曾经热切赞扬萧红，给予她温暖和力量的男子再也不见了。那个试图爱到极致的女子在枯萎的爱情面前兀自叹息，萧红与端木蕻良之间四年的婚姻关系伴随着萧红的病逝而画上了句号。

萧红是孤独的，在没有完全走出对萧军的感情时却希冀通过与端木的结合来消除痛楚，而端木对萧红的感情则是一种初识的同情，这种同情会解决萧红一时的烦恼，却没能真正包容她，走进她的心灵世界。

真正的爱情并非互相自私索取，而是相互包容付出。萧红一生遇到的男性，无论是早年的汪恩甲、萧军还是后来的端木蕻良，都从未真正理解到这一层。

柔弱的萧红是无助的，她想要通过依托爱情来获得温暖，却终究发现，等待自己的是悲剧的宿命。

写作给她带来了某种身份的确证，却始终弥补不了感情上的创伤。生为女子，试图想要通过爱情来追寻自我，却也在这种追寻中失去了主体性。

弥留之际，萧红终于有所醒悟，感叹道："我一生最大的痛苦和不幸却是因为我是一个女人。"

师友挚交的光辉岁月

萧红的一生，除了这些和她爱恨纠缠的男人，还有一个男子也对她的人生产生了重要的影响，可以说是她精神世界的引路人，这个人就是鲁迅。在另一半的爱情天平中，从汪恩甲到萧军到端木蕻良，他们出现又消失，而鲁迅始终是站在萧红生命背后的人。

萧红能够在文学史上留下浓墨重彩的一笔，与鲁迅的提拔赏识是分不开的。

1934 年 10 月，"二萧"来到上海，他们立刻给鲁迅写信，希望能早日与鲁迅见面，请求指导。

11 月 30 日，上海内山书店，萧红终于见到十分崇敬的鲁迅先生。萧红喜爱这位和蔼热情的兄长，鲁迅赏识这位文学新秀的才华。在鲁迅悉心指导和热心帮助下，萧红创作发表了许多小说、诗歌和散文，出版了《商市街》和《桥》。

两年后，年仅 23 岁的萧红写出了她的成名作《生死场》，1935 年月 12 月，萧红的中篇小说《生死场》以"奴隶丛书"的名义在上海出版，鲁迅为之作序，胡风为其写后记，在文坛上引起巨大的轰动和强烈的反响，萧红也因此一举成名，从而奠定了萧红作为抗日作家的地位。

《生死场》原名《麦场》，后由胡风改名为《生死场》，是萧红以"萧红"为笔名的第一部作品。鲁迅在为《生死场》所作的序言中称赞萧红所描写的"北方人民对于生的坚强，对于死的挣扎却往往已经力透纸背；女性作品的细致的观察和越轨的笔致，又增加了不少明丽和新鲜。"

一石激起千层浪，刚刚付梓的《生死场》受到广大读者的热烈追捧，为当时的文坛带来了一股新鲜之气。萧红也因此成为 20 世纪 30

年代中国文坛知名的女作家，从而奠定了她在中国文学史上的地位。

《生死场》以沦陷前后的东北农村为背景，真实地反映了旧社会农民在日伪统治下的悲惨遭遇，同时还体现了东北农民的抗争与觉悟，并对此提出了赞扬。

萧红在《生死场》中说："是山么，是山你就高高的！是河么，是河你就长长的！"

她从不叩问命运，仅凭单手只笔，对抗命运的孤独。

坟场是死的城郭，没有花香，没有虫鸣，即使有花，即使有虫，那都是唱奏着别离歌，陪伴着说不尽的死者永久的寂寞。对于生的坚强，对于死的挣扎，如今看来仿佛就是她死后的写照。

寂寞一生与默然成谜

"寂寞"是萧红一生心境的关键词，但她的文学创作又离不开"孤独"。

她的成名让萧军嫉妒，爱情出现异变时，远在日本的她创作了散文《孤独的生活》，长篇组诗《沙砾》等作品。在结束了与萧军共同维持了六年的同居生活时，彼时的萧红已经怀孕。孩子出生后不久夭亡，两人之间唯一的牵绊也被时光匆匆隔断，曾经在大水里抱着萧红的那个男子就这样从她生命中远去了。

归国后的萧红结识端木蕻良，并创作了长篇小说《呼兰河传》。

呼兰河，这个遥远北方的小城在萧红看来是寂寞的，正如她寂寞的童年，也是从童年起，寂寞就深深地烙在了萧红的心上。为摆脱寂寞，萧红从中国的最北端走到了最南方，从不谙世事的少女到经历情变的女作家，许多年过去，萧红的寂寞依旧深重，始终如影随形。

可以说，寂寞是纠缠萧红的折磨，亦是激发她创作的渊源。多年的漂泊后，萧红在人生的末端，重新回顾童年的生活，提笔写下《呼兰河传》，想要寻求一方心灵的归宿。

尽管呼兰河城不是安详宁静的天堂，尽管那里充满着无知愚昧，苦难和暴力，尽管荒凉的土地上四处弥漫着绝望。但她还是用平和、淡泊的语气叙述了故乡的种种，以一颗博大的心将一切的不美好都包容了。

她拈来一片片记忆的碎片，将其一一拼凑，凑出那份属于童年，属于乡土的气息。呼兰河就是萧红心灵的家。书中慈爱的祖父和后花园的动植物是萧红生命中至为重要的一抹暖色，也是她生命的慰藉和源泉所在。

花开了，就像花睡醒了似的。鸟飞了，就像鸟上天了似的。虫子叫了，就像虫子在说话似的。一切都活了。都有无限的本领，要做什么，就做什么。要怎么样，就怎么样。都是自由的。

——选自《呼兰河传》

茅盾看完了萧红的《呼兰河传》后，赞誉它"是一篇叙事诗，一片多彩的风土画，一串凄婉的歌谣。"

人生百年，漫漫长路，无为的时光如白驹过隙转瞬即逝。萧红的生命虽然只有短短的三十余载，但她的精神却迁延着后来的漫长岁月。

呼兰河畔寂寞红。萧红的一生坎坷孤独，仿佛一株呼兰河畔红彤彤的花朵，凭借独特的色彩映照着瓦蓝的天。后来，她被誉为"30年代的文学洛神"，是"民国四大才女"中命运最为悲苦的女性，她的生命传奇也如一朵盛开在乱世里的白莲，令后人评说。

曹植在《洛神赋》中写洛神："翩若惊鸿，婉若游龙。荣曜秋菊，华茂春松。仿佛兮若轻云之蔽月，飘摇兮若流风之回雪。远而望之，皎若太阳升朝霞；迫而察之，灼若芙蓉出渌波。"

此赋让人们仿佛看到一位佳人正巧笑倩兮，惹人怜爱。洛神之美不仅美在外表，更美在命运折翼时不屈的魂灵。她以柔弱多病的身躯面对世俗的目光，在感情的旋涡中拼命挣扎，并在窘迫的生活里怀着坚忍的信念谱写出生命的传奇，她的美丽早已超越了世俗的审美局限，化作翩翩而起的青莲白鹅。

1942 年 1 月 22 日，寒气一点点聚拢在香港岛的上空，萧红的病情愈加严重。纵想一生的悲欢荣辱，萧红的文字成了她精彩人生的最好证明。

忽记起祖父在幼时那句安慰自己的话"长大了就好了"，她不禁潸然泪下。

"我将与蓝天白云永处，留下那半部《红楼》给别人写了。"弥留之际，萧红留下了这样的话，一生都在追逐"温暖"的她在这个冬日溘然长逝。那满腔热血与情感，那一身才华与天赋，到此戛然而止，再无法释放。

萧红的一生都是和男人缠绕在一起的，她一生经历苦难折磨，却从未被苦难打倒，并且更是以这份苦难为动力，铸就了文学的丰碑。也正是这生前身后的难，铸就了她千秋万世的名。

她从饱受压抑的家庭中逃脱出来，追求自由，追求心灵上的洒脱，面对世人的非议，无所畏惧，用笔下的文字报以回答。她说："我不能选择怎么生，怎么死，但我能决定怎么爱，怎么活。这是我要的自由，我的黄金时代。"萧红这一生，用苍凉、孤独这样的词形容都不为过，但在这孤独中独绽一簇的，是她的文字，蓬勃生长。

多年之后，戴望舒拜谒萧红墓时留诗一首："走六小时寂寞的长途，到你的头边放一束红山茶，我等待着，长夜漫漫，你却卧听着海涛闲话。"

走六小时的寂寞，去祭奠一生的孤独，而这孤独前有一束红色，那是萧红对抗这生命时不能承受之重。

卷六

看尽苍冥意已阑——吕碧城

风雨困顿中的艰难挣扎

琼楼秋思入高寒，看尽苍冥意已阑；

棋罢忘言谁胜负，梦余无迹认悲欢。

金轮转劫知难尽，碧海量愁未觉宽；

欲拟骚词赋天问，万灵凄侧绕吟坛。

字字珠玑，句句血泪，所有的感觉汇集成一个字，"愁"字独上心头。

独自登上高高的琼楼，万里风光尽收眼底，看尽苍茫世事但却没有了指点江山的激情，寒风乍起，吹动衣襟吹乱头发但整个人却懒懒散散的，任由那些闲愁离绪纷飞飘落。落子无悔但是棋局结束之后却再也回忆不起之前的布局谋略，一晌贪欢醒后却也是春梦了无痕徒留一丝忧愁。

艰难世俗总是一波一波地涌来，伴随而来的愁思更是汹涌，连碧海蓝天的广阔也无法丈量。忍不住赋词一首以问苍穹，却徒留忧愁缠绕灵魂无法自拔。

粗粗浏览下来，整个人仿佛也在广茫的天空下沦陷，茫然四顾无所依傍。正可谓"看尽苍冥意已阑。"这种心境只有在经历过沉浮，有过大起大落最终归于平静过尽千帆之后才会产生这样的感慨。

让人不由自主地想起"无边落木萧萧下，不尽长江滚滚来"的萧瑟，"抽刀断水水更流，举杯消愁愁更愁"的无奈，但出乎大家意料的是，这首大气磅礴的词并非出自英雄男儿之手，却是一个小女子的作品。

究竟是怎么样的一个奇女子，能够大胆突破、冲破森严的社会秩序和男权思想，在一片黑暗中撕开一片光明振聋发聩呢？

她，有一个美丽的名字——吕碧城。

在民国的众多奇女子中，林徽因、陆小曼、张爱玲、萧红……这些响彻云霄的名字早已是闻名遐迩，但是"吕碧城"这三个字对很多人来说，却很是新奇。这个女子既没有众口相传的风流韵事，也没有过目不忘的姣美容颜，然而从她身上散发的独特魅力却又使之脱颖而出，让她跻身民国奇女子之列，和萧红、张爱玲、石评梅并列被称为"民国四大才女"，成为众多璀璨星光中的一颗明珠。

1883年，光绪帝统治时期的末世时代潜伏着隐忧，也充斥着各种改变的可能。这一年在安徽旌德，一位可爱的女婴呱呱坠地，弄璋之喜并没有冲淡这个家庭的隐忧，富足的家世经历了混乱与动荡社会的洗礼，开始逐渐走向衰落，而这个出生在乱世中的女孩注定饱经沧桑命运的洗礼。

在人生长河中蓦然回首，吕碧城的一生犹如一篇曲折而精彩的乐章，时而高昂呼号，时而低低鸣泣，那些经历过血与火的岁月将锻造出一个崭新的时代女性形象。

吕碧城幼年经历坎坷，少年失父，家道中落，母亲遭匪徒劫持，靠一己之力四处奔走侥幸救出母亲，从此母女两人相依为命。后来吕碧城又遭到夫家退婚，寄人篱下的她忍辱负重，没有向命运屈服，顽强抗争，毅然离开家的荫蔽，只身来到天津寻求新世界，力图闯出一片新的天地。

20 岁时，她就成了《大公报》的编辑，这也是中国的第一个女编辑，第一位女撰稿人。她慷慨书写心中的喜怒悲愤，曾经写信骂过慈禧，和秋瑾惺惺相惜，在文坛上独领风骚，一时间，"绛帷独拥人争羡，到处咸推吕碧城"的赞誉传播开来。

辛亥革命后，袁世凯成立新政府，她更是受邀成为了大总统机要秘书，笑傲政坛。后来她又转战商界，与外商合作创造了巨额的财富。她的眼界越发宽广，开始留学欧美环游世界，在这期间，她积极推行女权，推行女子教育，倡导动物保护主义。

她的一生跌宕起伏，虽终身未嫁，但围绕在她身边的男人都是当时代的风流人物。及至晚年看破世事，吕碧城最终选择遁入空门为自己的生命归宿。活跃在清末民初这个大舞台上的吕碧城以独特的英姿写下了辉煌的一笔。

吕碧城出身书香门第，文言功底深厚，她的作品，婉约细腻却又内含刚毅，意境深远另附深刻忧思。诗人易实甫评价她"诗文见解之高，才笔之艳，皆非寻常操觚家所有也"，她被誉为"近三百年来最后一位女词人"。翻开这样一位独特女性的人生笔记，一张张色彩明丽的画卷款款打开。

所谓"天将降大任于斯人也，必先苦其心志，劳其筋骨，饿其体肤，空乏其身，行拂乱其所为。"于是在吕碧城成长为民国史上耀眼明珠之前，必然经历了一个饱经沧桑的磨难历程。

那个年代仍有幼年男女订立婚约一说，在吕家尚且能够维持表面繁荣的时候，10岁的吕碧城和汪氏订婚，1895年吕碧城12岁时，父亲吕凤歧的去世让这个家庭失去了最后一点支撑，吕碧城的母亲从京城回乡处理祖产。

由于吕家一门生四女，并无男子，族人便以其无后继承财产为名，巧取豪夺，霸占吕家家产，甚至唆使匪徒将其母亲劫持。寻常家的小姐听到这样的噩耗早已在闺中惊慌无措，然而早熟的吕碧城却显示出异于常人的非凡能力，当这样的噩耗传入耳畔，她稳住心神，四处奔走，向父亲的朋友、学生写信求助，几番波折终于将母亲救出，圆满解决了这件事。

纵然母亲平安归来，一家人得以团聚，但和吕碧城订婚的汪家却又有了不一样的想法。此时吕家母女已然家道中落，生活落魄尚不能自顾，汪家再也无法从这段联姻中谋得益处。在"女子无才便是德"的时代下，吕碧城展现出来的果敢和坚毅反而让他们大为惶恐，夫家进而提出了退婚的要求。

身心俱疲的吕家母女不愿再争执，双方协议解除了婚约。这次退婚成了吕碧城生命中的一个转折，后来的诸多姻缘都与她失之交臂，从此点燃了她婚姻的不幸。

家庭的败落以及婚约的解除让她不得不另谋出路，于是跟随母亲以及姐妹投奔了当时在塘沽时任盐运使的舅父严凤笙。原以为这次投奔能够暂且结束这段漂泊生活，不曾想却是另一场苦难的开始。

　　寄人篱下的日子并不好过，年龄尚小的吕碧城与两个姐姐常常要独自出门赚钱谋生，在她们离开之后，家中只有母亲严氏和最小的妹妹吕坤秀两个人，心胸狭窄的舅妈对她们长期寄居在娘家不满，居然再次唆使匪徒将两人劫持。

　　母亲和妹妹为了避免受辱，无奈之下只能服毒自尽，后来大姐及时搬到救兵才将母亲和妹妹从鬼门关拉回来。这件事和几年前发生的事情惊人的相似，血浓于水的亲人们竟为了一己私利不顾亲人的尊严甚至生命，唆使匪徒做出如此大逆不道之事，这对吕碧城的心灵造成了极大的阴影。

　　在那时的吕碧城已经深切体会到现实社会的残酷，就连亲人都可以在利益的驱使下狠下心肠残害亲人，何况是素昧平生的陌生人呢？

　　在物质利益面前，亲情早已被践踏得一文不值，人的生命只能饱受凌辱。两次经历匪徒的绑架事件让吕碧城在心中更加坚定了女子理当独立奋发的志愿。

雀跃的时代逐浪者

时光荏苒，时代车轮滚滚向前，原本封闭的封建社会也在随着列强的入侵而渐渐崩溃。

当时在天津，新学运动进行得如火如荼。1900 年义和团运动之后，清政府更是在各地推办新学，新式的女性学堂也兴办起来。西方思想的深入影响鼓动着中国女性的精神觉醒，在这种日渐浓烈的风气影响下，吕碧城产生了想要去天津女子学校奔赴女学的念头。然而这个决定很快遭到了舅父的严厉阻止，年轻气盛的吕碧城对这种寄人篱下被人左右的人生再也无法忍受，终于下定决心放弃富足的生活去追寻精神的自由。

孤身一人的吕碧城来到天津，举目无亲之下顿觉双目茫茫，不知前行之路上将有怎样的风景在等待自己。

幸好在赴津的列车上遇到了好心的佛照楼老板娘，将她带回家暂时收留。后来吕碧城打听到舅父府中方秘书的夫人供职于《大公报》报社，于是写了一封情真意切的求助信给方家太太。

适逢这封信被《大公报》的总经理英敛之看见，读完这封信后，英敛之为背后的这位女子的文笔所倾倒，了解到吕碧城现在所处的尴尬境地，遂热情地邀她加入《大公报》，吕碧城由此成为历史上第一位女编辑。

很快，吕碧城的才华依靠《大公报》这一平台得到尽情的抒发，更难能可贵的是，她首倡的女权思想在当时引发了极大的震惊。吕碧城在作品《满江红》中这样写道：

晦暗神州，欣曙光一线遥射，问何人女权高唱？若安达克。雪浪千寻悲业海，风潮廿纪看东亚，听青闺挥涕发狂言，君休诧。

幽与闲，如长夜；羁与绊，无休歇，叩帝阍不见，愤怀难泻，遍地离魂招未得，一腔热血无从洒，叹蛙居井底愿频违，情空惹。

千余年前岳飞的《满江红》书写出一代男儿的英雄气概，而吕碧城的这首《满江红》却别具一格地开创了赞颂女性尊严与女权解放的先河。

其中的若安达克，有一种说法指的是法国罗兰夫人和法国女英雄贞德；另也有人认为它单单指的是圣女贞德。不管是罗兰夫人还是贞德，在这个时代她们都是一种精神指引，是女子觉醒、自主人生的一个积极象征。

而同样怀有非凡气概的吕碧城亦胸中有大志，笔下出箴言，通篇词作对于封建社会的猛烈抨击，热情鼓励女子们开辟崭新人生的主旨是显而易见的，吕碧城的才情被时代镀上了一层英雄之光。

在《大公报》供职期间，她的诗词作品屡屡见报，获得了文坛的一片叫好声，同时她还大量发表鼓励女子教育和女权教育的文章，如《论提倡女学之宗旨》《兴女权贵有坚忍之志》。这些观点对于当时的社会可谓是平地的一声炸雷，文坛对于这些冲击议论纷纷，然而吕碧城凭借她的犀利文笔，高超的人格魅力让整个文坛为她振奋，她的声名也越来越被人们所接受。

前进的脚步并未停止，她的世界远比我们想象的广阔。吕碧城的胆识惊人，率风气之先打破时代的枷锁。当时光绪皇帝和慈禧太后在几天之内先后亡故，一大批旧时官员文人宛如失去了主心骨，不知道该如何应对，有人甚至将慈禧画像挂在了万寿山排云殿内，希望可以得到一种安慰。这时吕碧城发表了一首《百字令·排云殿清慈禧后画像》：

排云深处，写婵娟一幅。翠衣耀羽。禁得兴亡千古恨，剑样英英眉妩。遮罩边疆，京垓金币，纤手轻输去。游魂地下，羞逢汉雉唐鹉。

为问此地湖山，珠庭启处，犹是尘寰否？玉树歌残萤火黯，天子无愁有女。避暑庄荒，采香径冷，芳艳空尘土。西风残照，游人还赋禾黍。

不同于旧式文人对帝制旧权的哀悼，吕碧城站在一个高超的视角上纵览社会历史的变迁。这阕《百字令》一经发表，社会各界更是议论纷纷，清政府十分恼火，却也奈何不得吕碧城，而至此吕碧城的传奇也广为人所道。

说到这里，不得不提起另外一个和她同称为晚清"女子双侠"的秋瑾。秋瑾，原名秋闺瑾，号碧城。吕碧城在《予之宗教观》中记述："都中来访者甚众，秋瑾其一焉。据云彼亦号碧城，都人士见余著作，谓出彼手，故来津探访。相见之下，竟慨然取消其号，因余名已大著，故让避也。"

秋瑾和吕碧城一见如故，就女子权益、女性解放思想等方面详聊甚多，为了表示对吕碧城的盛赞，主动将"碧城"这个笔名交还吕碧城，并说只有吕碧城才配得上这个名字。

在文坛上的声名鹊起让吕碧城在大众面前风光无限，而随着晚清政府的覆灭，她再一次站在了舆论的风口浪尖上。

1912 年 3 月，吕碧城受聘担任总统府机要秘书，成为了中国史上女子任此高职的第一人。这意味着新生的社会开始渐渐接纳女子，认可女子在推动社会发展过程中具有等同于男子同样重要的作用，也鼓舞了众多的女性纷纷走出家门，在社会各个方面创造自己的价值。

　　吕碧城并不满足于当前的现状，在她出任总统府机要秘书这一职期间，她也想要一展雄心抱负。不久，在一番探索和挣扎之后受挫，吕碧城这才发现，黑暗的官场和她的理想相去甚远。1915年她毅然辞官离开北京来到上海。

　　政界活动给吕碧城积攒下颇多人脉，为她今后在商界辗转铺垫下良好的基础。当时经济迅速发展的上海蕴藏着各种各样的商机，颇具眼光的吕碧城抓住机会与外商合办贸易，短短几年，积累了大量财富，开始在商界崭露头角。上海静安寺路上的洋房别墅蓦然耸立，成为一介女流傲视时代的坐标。曾经是人们眼中的弱女子，而如今竟然成为驰骋商场，成为叱咤风云的大人物，众人忍不住啧啧称道，艳羡之情溢于言表。

　　财富的积累伴随着社会地位的提高，事业的成功虽然给她带来了巨大的成就感，但随之而来的空虚感更是经常侵袭着她。吕碧城没有沉沦于疯狂的金钱里，她转而开始追求自己精神上的富足。

　　1918年吕碧城前往美国就读哥伦比亚大学，攻读文学和美术。游学的脚步渐渐拓展，涉足欧美等地，行走在旅途，心中充溢着无限情丝，后来吕碧城将自己的见闻感受写成了《鸿雪因缘》。

欧美之见闻见之于报，创作了大量脍炙人口的西方人物风情诗词，给中国的有识之士一个了解国外世界的窗口。在此之后，她一直游走在世界各地，以自由的姿态与外来文化思想进行交流。

在吕碧城眼中，人生过程的精彩远大于结果的成败，体验即是生命本身。

徘徊在婚恋边缘的梦旅人

吕碧成在事业、学业上取得巨大成功的同时，情场却始终失意。一个孤弱女子怀着自由的信念走遍了世界，丈量着这个世界的广度和深度，物质上也从不缺乏，然而在这个看似完美的圆上却终有一个缺口，美满的婚姻与幸福的家庭终究是梦中的幻影，想来不免觉得凄凉。

常言道久旱逢甘霖、金榜题名时以及洞房花烛夜是人生三大喜事，拥有一段完美的婚姻在某种意义上是确认一个人是否成功的另一种标准。

从这角度来看，她的人生似乎是残缺的。吕碧城虽终身未嫁，她的感情世界却并不贫乏。在民国众多的名媛才女中，严复曾盛赞这位兼有才情和美貌的奇女子为"高雅率真，明达可爱"，同为女性的作家苏雪林也说她"美艳有如仙子"，她才华横溢，美貌如花，个性张扬又好交游，成为了名流才俊争相追求的对象。

细数曾在吕碧城的感情世界出现的诸多名人志士，不乏当时的诸多风云人物。《大公报》的总经理英敛之就对她产生过爱慕之情，其余的追求者例如著名诗人樊增祥、易实甫，以及袁世凯的儿子袁克文、李鸿章的侄子李经羲等也都曾对她表示过爱慕之情，可是最后都无功而返。

吕碧城曾经讲过自己的感情，认为"生平可称心的男人不多。梁启超早有家室，汪精卫太年轻；汪荣宝人不错，也已结婚；张謇曾给我介绍过诸宗元，但年届不惑，须眉皆白，也太不般配。我的目的，不在钱多少和门第如何，而在于文学上的地位，因此难得相当伴侣，东不成，西不合，有失机缘。幸而手边略有积蓄，不愁衣食，只有以文学自娱耳。"

吕碧城看透世态炎凉，再加上自恃清高，高傲的灵魂散发着孤冷的芬芳，所以始终觉得身边无可匹配之人，宁愿独身终老不愿委曲求全。

　　纵然这些爱慕者都是显赫一时的时代人物，然而择一生之伴侣，对吕碧城来说绝不仅仅是一纸婚约那么简单，在众多的男子之中，那个与自己倾心相依的情郎或许终究难以寻觅。

　　吕碧城是清醒的，虽然身边围绕的追求者甚众，但她深深知道，讲真心却并没有几分。她自小家庭倾颓，从小定亲的汪家也在她家遭受打击的时候退婚，在当时保守的社会遭退婚对于女子来说确是奇耻大辱，这也不可避免地对吕碧城的爱情观择偶观造成了巨大的影响。

　　家道中落，遭遇退婚，其他养在深闺的女子也许就自怨自艾地过完一生了，但是吕碧城却很要强，谁说女子一定要依附男人才能活呢？她在事业上的巨大成功将一众男子甩在了身后，站在高处想要再寻找一个和自己比肩的人，实在是太难。

　　在大多数人的思想中，女子终究是男人身上的一根"肋骨"而已，从心里还是将女子当作附庸或从属，而不是作为一个具有独立人格的个体，然而在吕碧城眼中，这样的角色定位自然不是她想要得到的。

作为吕碧城生命中的重要人物，英敛之之于吕碧城，宛如伯乐于千里马。可以说，吕碧城的走红是由英敛之一手捧出来的。吕碧城从一个默默无闻的文坛小卒，成长为《大公报》的得力干将，正是英敛之的推荐与扶持。

吕碧城深深意会到这点，却不愿以此作为两人关系质变的借口。英敛之虽然风度翩翩，对吕碧城有知遇之恩，但他已婚的事实让吕碧城从未对他产生过超出朋友的感情。

可对英敛之来说，在见惯旧式女子的唯唯诺诺、颔首低眉的谦卑之后，面对吕碧城的直接热烈，不免会产生不一样的新鲜感觉。随着相处时间越多，对吕碧城的新鲜的一面发掘得越多，越不可免俗。兼具美貌与智慧的吕碧城与他之前认识的女性截然相异，在他的心中，有一种微妙而复杂的感情悄然滋生。

英敛之对吕碧城的感情越发外露，连他的妻子也有所察觉，虽然英敛之对吕碧城发乎情止乎礼，但无可置疑在吕碧城的心中，英敛之只是一个单纯的长辈而已。其原因不仅因为英敛之已婚，更在于英敛之和吕碧城之间的个性差异。

　　吕碧城张扬高调，英敛之却含蓄保守。英敛之对于吕碧城奢华作风甚为不喜，两人的生活态度有很大不同。另外，吕碧城从小经历坎坷，因此个性乖张，且年少成名又使她对周边的人事往往直言不讳，为此得罪了不少人。英敛之因吕碧城的这份特立独行而喜欢她，同时又深感压力巨大，最终放下这份执念。

　　吕碧城在磨难中成长，女子的柔暖恰恰是她性格所缺失的部分。严复在写给甥女何纫兰的一封信里谈到吕碧城的个性与交友状况："碧城心高意傲，举所见男女，无一当其意者。极喜学问，尤爱笔墨，……身体亦弱，不任用功。吾常劝其不必用功，早觅佳对，渠意深不谓然，大有立志不嫁以终其身之意，其可叹也。此人年纪虽小，见解却高……因而受谤不少。自秋瑾被害之后，亦为惊弓之鸟矣。"正是这样的性格带给她孤独，并驱使她独自走上人生的制高点。这样的人生经历成就了她，也折损了她。或许正是这样起伏的人生才让一切变得真实感人。

　　对于爱情与婚姻，她有一番自己的独特体悟。在社会文明开化后，众多青年争相自主结合的举动在她看来虽然自由却甚为目，她曾说："自由结婚之人，往往皆少年无学问、无知识之男女。当其相亲相爱、切定婚嫁之时，虽旁人冷眼明明见其不对，然如此之事何人敢相参与，于是苟合，谓之自由结婚。转眼不出三年，情境毕见，此时无可透过，其悔恨烦恼，比之父兄主婚尤深，并且无人为之怜悯。此时除自杀之外，几无路走。"

在她看来，这些所谓的新青年，为了自由结婚而自由结婚，听不见身边的人的忠言逆耳，以为结婚之后就完成了自由结婚的使命，结果落得不幸的境地；如若与其这样还不如接受老式的包办婚姻，这样如果婚姻不美满，还可以将矛头指向包办婚姻上。爱情是个好借口，让你能够坦然面对自己的软弱懒惰，让你有一个光明正大的机会放弃自我建立，将个人的成功和失败都归根于爱情的苦闷或者缺乏。

这种独特的主张将两种新旧婚恋观巧妙地融合在一起，成为当时一种独特的思想声音。

在人与人的交往中，有一种奇妙的机会让彼此相牵，有人说这是一种"缘"。吕碧城并非想要通过一生不嫁的方式宣扬某种主义或思想，只是生命中来来往往的男子中，始终没能与彼此牵起一段缘分。

　　但不得不承认，吕碧城之所以能够选择终身不嫁，还有一个重要的原因，便是她丰厚的物质基础辅助她能够实现个人的自主与独立。鲁迅先生曾经在《娜拉出走之后》里谈到的女性经济权独立问题在吕碧城身上有了最好的证明。情感上的空白没有减少人生的精彩，吕碧城在社会上扮演的多种角色间接地填补了爱情的价值空缺。

文学世界里的美丽与梦

对大多数女人来说，爱情便是人生里无限延展的世界。但吕碧城区别于普通女子之处就在于她对丰富人生的定义早已超过了爱情这个维度。除去爱情，在政治、商业、甚至文学上，吕碧城都书写了一番"谁说女子不如男"的盖世佳话。

作为清末民初特殊时代的弄潮儿，她在精通文言的前提下也经历了白话的改革，这个时代的特点让她的作品有一种半白半文的特色，她常常通过古诗词的形式向世人传达内心的感受。

在新社会时期，白话的推广如火如荼，当众人都在绞尽脑汁纷纷划清自己和文言文的界限时，吕碧城却并不决然排斥中国古典文学的影响。作为深受中国传统文学影响的知识分子，她还是将中国几千年的诗词继承发展，并且能够结合时代的背景，在表现内容上加以调整使之富有现代特色，这种创造也是独属于她的魅力。

吕碧城的作品大概有三个方向：第一是她对于生命的体悟，主要内容集中在伤春悲秋；第二就是对家国之难的感情抒发；第三就是去海外游历之后的见闻感悟。

吕碧城早期词作中所体现出来的生命意识主要是春华秋月的感伤体悟，这使她的词作也染上了些许的闺阁况味。

浪淘沙

寒意透云帱，宝篆烟浮。夜深听雨小红楼。姹紫嫣红零落否？人替花愁。

临远怕凝眸，草腻波柔。隔帘咫尺是西洲。来日送春兼送别，花替人愁。

整首词中充斥着"寒""夜""零落""愁"等萧瑟的词语，加上词中所营造的意境，读者不禁感觉到了透过作品冉冉升起的哀愁，但是又不是单一的愁，而是一种说不出的凄美，让人回味深远。

在《清平乐》中她又写道：

冷红吟遍，梦绕芙蓉苑。银汉恢恢清更浅，风动云华微卷。

水边处处珠篇，月明时按歌弦。不是一声孤雁，秋声哪到人间。

樊增祥点评说她实属南唐二主之遗。李煜对我们来说并不陌生，他虽为一国之君，却对国事并不是那么上心，反而在词作上功勋卓著，他的词也是婉约派的代表作品。樊增祥用南唐二主来比喻吕碧城，可见对她的作品评价之高。

当然吕碧城也有浪漫感性的时候，她在《浣溪沙》里面写道：

残雪皑皑晓日红，寒山颜色旧时同。断魂何处问飞蓬。

地转天旋千万劫，人间只此一回逢。当时何似莫匆匆。

这首词吕碧城用来纪念一段短暂的爱情悸动。一次偶然契机，吕碧城邂逅了一位良美少年，双方对视良久好似心意相通，最终也未靠近互通姓名。车辆到站之后，双方也就各奔东西，就此别离了。当时的感觉就像是地转天旋千万劫，人间只此一回逢。

在这一刻，双方确实感觉到了对彼此深深吸引的情感，这种美好的感觉凝固在双方的目光交汇里，然而两人生怕破坏了心中的那份神圣和虔诚，谁也不敢轻易开口。

而这种感觉人生难得碰到一次，那双方都不想轻易打破，不要因为进一步的接触而破坏了最初的美好，于是缄默而后错过成为最好的结局。

千言万语在吕碧城的手下就汇成了这两句简单的话，在了解了这个爱情之后，再重读这句话，心中却翻展开巨大的画卷不停滚动，想象在笔尖绽放流淌，这就是吕碧城的文字展现的魔力。

后来，吕碧城漫游欧洲，在欣赏国外自然风光，感受资本主义文明的同时仍时刻关注着风雨飘摇的故国。

在她接到故国友人的书信，得知国内兵燹不断，生灵涂炭后，深感忧伤："几番海燕传书到，道烽烟、故国冥冥。"（《高阳台》）"故国今宵，定桦烛，千家无睡。……"（《凄凉犯》）"怀故国，余情深，有夕阳、还愁登临。望天末哀鸿，犹闻隔云零乱音。"（《寿楼春》）即使在睡里梦里，碧城念念不忘的也是多灾多难的祖国："梦影渐稀，宣南韵事，江左清谈。……梅枝难寄，乡心佳黯，笛语哀顽。"（《丑奴儿慢》）

但从实质上讲，家国政治并不是她诗词的主旋律，后期吕碧城寄情于游历海外世界，增长了许多见闻并就此创作了许多与之相关的作品，而她的这个特殊的人生经历也让她区别于其他的诗人词人，拥有了诗词创作的新素材。

新雁过妆楼·寓雪山之顶，漫成此阕

万茹瑶峰，迎仙客、半空飞现妆楼。素驾骆到，霓被冷袭天溅。云气岚光相流溁，更无余地著春愁。思悠悠。魂消冰雪，乡杳温柔。

婵娟凭谁斗影？梦霜姚月妊，裙展风流。相逢何许，依约群玉山头。鸿泥轻留爪印，似枕借、黄粱联旧游。闲吟倦，但眼迷银颧，寒生锦稠。

绛都春·拿坡里火山

禅天妙谛，证大道涅槃，薪传谁继？世外避秦，哪有惊心咸阳燧。

飚轮怒辗丹砂地，弄千丈红尘春酽。倦飞孤鹜，几番错认，赤城霞起。

凝睇，镌冰斫雪，指隔浦、迤逦瑶峰曾寄。火浣五铢，姑射仙人翔游袂，流金铄石都无忌。算世态炎凉游戏。任教烧蜡成灰，早干艳泪。

这两首写景之作分别描绘的是瑞士雪山和拿坡里火山。在描写中将中国的传统意象和国外新奇景结合在一起，读来也是别有一番意趣。即使在现代社会，这种作品也很难见到。

晚年的吕碧城阅尽世事，心中早已不生波澜，虽还是那个身着衫裙魅力无双的女子，但心中已沉寂许久。她将所有感慨倾注在了一阕《汨罗怨》中。

翠拱屏嶂，红逦宫墙，犹见旧时天府。伤心麦秀，过眼沧桑，消得客车延伫。认斜阳，门巷乌衣，匆匆几番来去？输与寒鸦，占取垂杨终古。

闲话南朝往事，谁踵清游，采香残步？汉宫传蜡，秦镜萤星，一例秾华无据？但江城零乱歌弦，哀入黄陵风雨。还怕说，花落新亭，鹧鸪啼苦。

这首《汨罗怨·过旧都作》的用意在借六朝故都繁华消逝的无常，用以感叹清王朝覆灭的无常。"一例秾华无据"将吕碧城内心深处的绝望抒发淋漓，写尽了历史的无情和人生的反复。通篇的意境很美，但是总有一种淡淡的悲伤从中透出来。前尘往事都已如烟般飘走，剩下的那个人孑然一身，茕茕孑立。

轰轰烈烈的一生总会有归于平淡的时候，经过了前半生的张扬，吕碧城也渐渐归于平静。1930 年吕碧城正式皈依三宝，成为在家居士，法名"曼智"。1943 年 1 月 24 日碧城在香港九龙孤独辞世，享年 61 岁。遗命不留尸骨，火化成灰后将骨灰和面为丸，投于南中国海。

吕碧城的一生，有过艰难时的挣扎，亦有过辉煌时的不羁与潇洒，待繁华落尽，铅华洗尽，真淳方显。晚年的她回忆起年轻时候总是感慨万千，十里洋场风头无两，似乎将全世界都掌握在手中。

吕碧城的一生追求者无数，却无一能跟上她的步伐，因为吕碧成自己也是一名追逐者，她的一生都是在逐心而行，亦穷尽一生寻找与自己心意相通的良人而不得，正恍如那一夜春梦，了无痕迹。

卷七

人间四月里的低头浅笑——林徽因

旷世的灵魂绝恋

淡淡的红一层一层地晕染在洁白的花瓣尖，一阵凉风拂过，花朵儿羞红了脸，低低颔首。最是那低头的温柔，拨乱了整个夏天的心跳。在那莲花静静绽放的季节，一个女婴带着上天的眷念出生在蕴含诗意的杭州城，她就是林徽因——多少人梦中那朵永远的白莲。

《诗经》有言："思齐大任，文王之母，思媚周姜，京室之妇。大姒嗣徽音，则百斯南。"林徽因的祖父便从中择取"徽音"二字，取其名。人如其名，林徽因安静内敛如优美的长音，虽轻且淡，犹久久地萦绕在人的心间。

性情温婉的女子，总有着水波一般柔美的眼神，令人心动且迷恋的声音，以及细腻的情感和纯洁的心灵，她们的眼神能够看透世间的一切，声音能够融化人们内心的冰霜，情感能够温暖孤寂的灵魂，心灵能够带给人们希望。这样的女子每每行走在人间，总会令人感叹，世间竟然也会有如此脱俗的仙子。

林徽因便是如此。她出生于官宦世家，祖父林孝恂曾考中进士，历官浙江金华、孝丰等地，祖母游氏高贵优雅，是一位端庄贤淑的夫人。其父林长民毕业于日本早稻田大学，擅长诗文和书法，回国后历任南京临时参议院秘书长、北洋政府司法总长等职。其叔父则是大名鼎鼎的《与妻书》作者林觉民。

出身于这样的家庭，林徽因自然也沿袭这个家族高贵儒雅的血统，修得一身浑然天成的娴雅与端庄，举手投足间都流露出大家闺秀的气质，因此也注定成为那个时代的倾城才女。

林徽因5岁之前的时光都是在杭州陆官巷度过的，5岁至8岁期间，全家迁至杭州蔡官巷的老宅院居住。也是这三年短短的光阴，林徽因的大姑妈林泽民开启了她的启蒙教育。

　　身为清朝末年名门望族的大家闺秀，林泽民诗词歌赋、琴棋书画可谓样样精通。正是这样一位娴静优雅的姑母，带着林徽因开始了基础的识字、诗词背诵课程。霞光绮丽的晨晓，钟鸣暮鼓的黄昏，皓月当空的夜晚，幼小的林徽因在姑妈的指引下开始习读一卷卷经典。

　　尚为年幼，也许她读不懂那古诗词里的田园之风，感受不到那古诗词里的旷达之味，但就是在一次次问询和思考下，她爱上了读书，爱上了锦词丽句，还有书卷中那淡淡的墨香。

　　林徽因 8 岁时，全家由杭州迁往上海居住，而父亲则北上任职。那时的上海已风起云涌，多少人在这里湮没了自己。8 岁的林徽因跟随着家人在虹口区金益里定居下来，不久，林徽因和自家的小姐妹们就读于附近的爱国小学。

　　天资聪颖的她在学校里很受老师和同学的喜爱，每天下雪后，林徽因还会侍奉祖父，再晚些就去家中藏书的阁楼，因为对书画十分感兴趣，她常常捧着"大部头"到深夜，不受外界的干扰，在书卷里看光阴交替。

1916 年，林长民在北洋政府任职，12 岁时的林徽因随全家迁居北京。在北京，她和四位表姐妹一同进入英国教会办的培华女子中学读书。据说，这所学校教风严谨，培养出的学生也都谈吐风雅。

繁华的上海滩与古都北京城全然不同，一座是风情万种的都会，一座是威武显赫的皇城。此时的林徽因，已渐渐懂得些人情世故，也慢慢感受到自己夹在父母之间的尴尬。

母亲何雪媛出身于浙江嘉兴的一个商人家庭，14 岁时嫁给林长民做了二夫人。对风流倜傥、颇具才华的林长民来说，这个从未受过新式教育的旧式女子并未引起他多大的兴趣。

不懂诗词歌赋也就罢了，偏偏长于富庶的商人之家，从小养尊处优惯了，到了林家完全不会操持家务，整日里只会大门不出二门不迈。这样一个女子，既得不到丈夫的温情，也得不到公婆的欢喜，何雪媛整日过着郁郁寡欢的生活。

后来，林长民又娶了上海女子程桂林，此女子虽未曾饱读诗书，但贵在年轻美丽，性情温和，和林长民在一起常常发生许多趣事，林长民对她也越发宠爱了起来。至此，何雪媛的地位更是一落千丈，性情也更加孤僻，常常阴晴不定，喜怒无常。

那时候林徽因和母亲因得不到宠爱只能住在后院，每次她从前院开开心心地回来，都会受到母亲无休止的数落甚至责骂。小小年纪，内心却要背负如此沉重，她既要做父亲眼里的小才女，又要做母亲跟前的乖乖女。更多时候，她是独自一人坐在楼梯上，看天上来去自由的云朵。

林徽因的儿子梁从诫曾这样说："母亲从小生活在家庭矛盾之中，常常使她感到困惑和悲伤。"梁从诫这样评价林徽因的人生心态："她爱父亲，却恨他对自己母亲的无情；她爱自己的母亲，却又恨她不争气；她以长姐的真挚的感情，爱着几个异母的弟妹，然而，那个半封建家庭中扭曲了的人际关系却在精神上深深地伤害过她。"

成长于这样环境中的林徽因，选择了沉默地蜷缩在自我营造的围墙内，一花一木，一词一诗地丰富自己的孤独世界。

她那小小的精神花园，在14岁之后渐渐露出了美丽的剪影，不经意地一瞥，惊艳了良人。

林徽因初遇梁思成就在 14 岁，那年梁思成 17 岁。有一天，梁启超提议让儿子梁思成去老朋友林长民家去见见他的女儿林徽因。父亲的心思梁思成自然是明白的，虽然那时他还很年轻，对恋爱之事也不着急，但他还是听从了父亲的建议，提着礼物从南长街的梁家来到景山附近的林家。

在林家书房里，梁思成暗自猜想，按当时的时尚，这位林小姐的打扮大概是绸缎衫裤，梳一条油光光的大辫子。想着想着，竟有些不自在了，真想告辞走人。

突然，门开了，只见一位亭亭玉立稚气未脱的小姑娘走了进来。她梳着两条小辫，双眸清澈有神采，精致的五官犹如玉砌，笑靥如花有如一个飘逸的小仙子。很快，这个穿着浅色半袖短衫罩和黑色绸裙的小姑娘便给他留下极深刻的印象。

这场命中注定的相遇，在那一时刻却偏偏只在梁思成的心里静静地泛起了涟漪。缘分往往不是一蹴而就的成全，而是峰回路转的回旋。

16 岁的时候，林徽因随父亲游历欧洲，巴黎、罗马、柏林、法兰克福这些城市都曾留下过她为之徜徉的身影和美丽得无以言表的心情。

在这里，她遇见了两样人生挚爱，一是为之倾尽一生心血的建筑学，一是一生的灵魂之交徐志摩。

那一年，徐志摩 24 岁，已有妻子张幼仪和一个 2 岁的儿子。当林徽因的清新淡雅的身影偶然跃入徐志摩的眼帘，他便不再舍得移开自己的视线，诗人不禁为此作起诗来：

偶然，我是天空里的一片云，偶尔投影在你的波心，
你不必讶异，更无须欢喜，
在转瞬间消灭了踪影，你我相逢在黑夜的海上，
你有你的，我有我的，方向。
你记得也好，最好你忘掉，
在这交会时互放的光芒。

两人在剑桥短暂相遇后坠入爱河，似一场繁花似锦的美梦，在彼此的生命里留下了最美好的回忆。对于徐志摩来说，林徽因是姹紫嫣

红中最淡雅的莲，阅尽人间绝色后最心旷神怡的女子；而对于林徽因来说，徐志摩给她的是情窦初开的青涩恋爱。

小仲马在《茶花女》中这样描述过纯洁少女的爱："少女越是相信善良就越是容易失身，如果不是失身于情人的话，至少是失身于爱情。"林徽因面对徐志摩时，是没有一点点防备的，她全力地投身于爱情，肆意地燃放着压抑的热情，她说："你是人间的四月天；笑响点亮了四面风；轻灵在春的光艳中交舞着变。"

然而，热恋过后更多的是磨合。有一次，徐志摩在雨中跑到康桥等彩虹，林徽因对此觉得不可思议，当她问起为什么相信一定会有彩虹，徐志摩带着孩子般的笑容回答："完全诗意的信仰！"

那时，她好像突然明白，眼前这个才华横溢的男人原来骨子里是这么固执与孩子气。而后，徐志摩与妻子的离婚更是让林徽因意识到自己"第三者"的可恶身份，浪漫的幻想正在于严峻的现实之间进行一场勇猛的拉锯。最终这位温婉的女子为这段恋爱画上了一个斩钉截铁的句号。

　　在骨子里，林徽因对家庭情感是极度渴望的，她需要的是现世的安稳。徐志摩对于她来说就像一阵风，轻轻地来过，像是希望，又像是梦。她既渴望希望带给自己的依赖，又害怕这梦过于美好，终有一天会梦尽人渺。

　　她不愿意看见美梦凋零，于是选择了将美好永远地留在记忆里。即便后来她与梁思成结婚，徐志摩也仍然是她家中常客，两人常常一起煮茗夜话。

　　徐志摩与陆小曼争吵得身心疲惫时，心心念念的是林徽因带给他的宁静。在徐志摩飞机失事的那一天，他正是要赶着去北京听林徽因的报告会。他们之间的这种感情堪称灵魂伴侣，犹记得徐志摩那句动人心弦的诗："我将于茫茫人海中访我唯一灵魂之伴侣，得之，我幸，不得，我命。"想必这就是对徐志摩与林徽因爱情结局的最好诠释。当他找了唯一之灵魂伴侣，却不能相守终身，这终究是命运。

　　在后来林徽因的《悼志摩》中回忆起徐志摩最动人的特点，并不是他的才气，而是他那不可信的纯净的天真，对理想的赤诚，艺术欣赏的认真以及对情感的真挚。

徐志摩的离去，对于林徽因来说不止是失去一个朋友，更是失却一位灵魂伴侣。朋友易得，知音难觅。知音的离去，仿佛心里曾经打开的一扇窗户悄然关闭，需要多大的勇气，才能接受一个知己离去的事实。

即使徐志摩去世已经四年，她仍然忍不住写文章悼念："间接的你任凭自然的音韵，颜色，不时的风轻月白，人的无定律的一切情感，悠断悠续的仍然在我们中间继续着生，仍然与我们共同交织着这生的纠纷，继续着生的理想。"

爱是一场修行

豆蔻年华，林徽因遇见了诗人徐志摩，也曾心动，也曾憧憬。不过，在烈焰般的爱情攻势下，她始终保持了恰当的距离，做出了恰当的选择。

19岁，她真的恋爱了，对方便是年少时见过的梁思成。那一年，梁林两家订下了口头婚约，也是在那一年，一场意外使梁思成落下了终身残疾。

在这之前，也许林徽因并未意识到自己对梁思成的感情有多深。直到意外发生后，噩耗传到她的耳中，心中那份绞痛才那样强烈。什么也来不及想，她立刻起身，到医院陪伴他。悉心地喂他吃药，替他翻身。

此时，她早已不是那位不食人间烟火的林家大小姐，也不再是众星捧月的校花，在梁思成的病榻前，她只是一位普通的姑娘，一位为了爱甘愿付出一切的姑娘。

1924 年 9 月，康复后的梁思成与林徽因一起进入宾夕法尼亚大学攻读建筑学。因建筑系不收女生，林徽因注册了美术系，但仍选修建筑系的主要课程。

1925 年，林长民中流弹身亡。父亲去世的消息让林徽因浑身的血液仿佛都凝固了一般。父亲去了，家里的天塌了，身为家中的长女，撑起这个家的重担，除了她，还有谁可以接过？她恨不得立刻赶回家中，安慰悲痛的母亲，料理父亲的后事，却无奈于自己的身体状况，无法立刻回国。

梁启超得知后，写信给梁思成，让他多安慰林徽因，并提出以后林徽因所有费用支出都由他来负责，梁启超的热切关怀给了远在异乡的林徽因极大的鼓励。

美国的学业仍然继续着，林徽因却仿佛变了一个人似的。她剥夺了自己的自由，放弃了与同学们外出游玩的权利，将全部的心思都用在了学习上。

谁都不曾想得出，这样一位身子柔弱的女子，学习时竟和那些男同学一般拼命，将自己置于绘图桌前一画就是一整天。她不再消遣，不再游玩，这一切，只因她心中的那份责任，那份对家庭的责任。

1928 年，林徽因同梁思成在加拿大温哥华姐姐家结婚，同年夫妻共同回国，一起受聘于东北大学建筑系。

婚前，梁思成问林徽因："有一句话，我只问这一次，以后不会再问，为什么是我？"林徽因回答："答案很长，我得用一生去回答你，准备好听我了吗？"林徽因与梁思成用了一生的时间去回答彼此的问题，相濡以沫的眷恋里是两人你侬我侬的旷世情缘。

在林的生命中，还出现过一位才华横溢的传奇男子，那就是金岳霖。

金岳霖毕业于清华大学，后又留学美国，游学欧洲，回国后任教于北大和清华，是著名的哲学大师，他和冯友兰一起创办了清华大学的哲学系。

金岳霖为人风趣幽默，率性天真。有一次，金岳霖笑着对冰心说："我这个人真是老了，我的记性坏到了'忘我'的地步！有一次我出门访友，到人家门口按了铃，这家的女工出来开门，问我'贵姓'。我忽然忘了我'贵姓'了。我说请你等一会儿，我去问我的司机同志我'贵姓'，弄得那位女工张着嘴半天说不出话来！"金岳霖好交际，性格与林徽因截然不同。

林徽因家里几乎每周都有沙龙聚会，金岳霖在好友徐志摩的引荐下，渐渐成为梁家的座上常客。在长久的交往中，气质超凡脱俗的林徽因令金先生神魂颠倒，他们文化背景相同，志趣相投，金岳霖对林徽因的才华赞羡至极，十分欣赏，而林徽因也倾慕于金先生的人格魅力。

有一天，梁思成回家后，林徽因哭着对他说："我苦恼极了，我同时爱上了两个人，不知怎么办才好。"梁思成听完之后非常苦闷，当晚彻夜未眠。第二天，他告诉妻子："你是自由的，如果你选择了老金，我祝愿你们永远幸福。"

　　林徽因把梁思成的话转告金岳霖，金岳霖回答："看来思成是真正爱你的，我不能伤害一个真正爱你的人，我应该退出。"此后金岳霖收起对林徽因的情感，始终默默地守护在她的左右，与林徽因和梁思成三人成了终身的好友和邻居。金岳霖对于林徽因的特殊情感矢志不渝地陪伴了她一生。林徽因死后，有一年，金岳霖在北京饭店请客，接到邀请的友人都很纳闷请客的原因，到了之后，金岳霖才幽幽地说："今天是徽因的生日。"

　　这便是林徽因，她让徐志摩怀想了一生，让梁思成宠爱了一生，让金岳霖默默记挂了一生，让世间形色男子仰慕了一生。在林徽因的感情世界里，梁思成无疑是包容的。感情即是如此，越是索取越是贫瘠，越是包容越是丰泽。

　　梁思成以他的包容和善良给了林徽因绵绵不断的爱意。所有的迫不及待，都等不来期待。唯有漫长的守候，无悔地付出，能收获自己的愿望。在美好的青春岁月里，林徽因不急不躁打造出来的精神花园，恰逢其时地开放，迎来了最美好的花期，遇见了心灵共鸣的赏花人，给这人间的四月，留下了最灿烂的韶光。

建筑史上的美丽弧线

婚后的林徽因和梁思成共同沉浸于对古建筑研究，从 1930 年到 1945 年，夫妇二人共同走过了中国 15 省、190 多个县，考察测绘了 2738 处古建筑物。河北赵州大石桥、山西的应县木塔、五台山佛光寺……这些沉睡千百年的古建筑在林徽因和梁思成的发掘下重新有了光彩。

在山西进行的多次古建筑考察使林梁二人的知识体系更加完善，梁思成甚至破解了中国古建筑结构的奥秘，完成了对《营造法式》这部建筑学"天书"的解读。

1931 年，林徽因受聘于北平中国营造学社。第二年，她又为北平大学设计了地质管和学生宿舍。后来，她多次深入山西、河北、山东等地，实地考察古代建筑，发表了一系列重要文稿。

很难想象，一个自幼生活在江南的姑娘，一个天性细腻柔美的姑娘，如今在粗犷的北方，是如何适应并生活的。她来了，就这样来了，就这样接受了。

在简陋逼仄的小屋里，她用温柔和细腻装点着房间，让一间间临时的住所中充满了家的温馨。在那个年代，林徽因是探索建筑教育的第一人，也是中国建筑史的主要整理者之一和中国古典建筑理论营造学的主要整理者之一。她在建筑界用实力证明了女性具有与男性平分秋色的资格和能力。

对于建筑的审美以及文物的保存，林徽因都有着特殊的见解与感情。她倾向于平淡无奇中挖掘独特的美丽，因此把文物的保存看作义不容辞的责任。在《平郊建筑杂录》里她这样说："建筑审美可不能势利的。大名显赫，尤其是有乾隆御笔碑石来赞扬的，并不一定便是宝贝；不见经传，湮没在人迹罕至的乱草中间的，更不一定不是一位无名英雄。"

由此，我们可以看到林徽因不同于其他民国才女的独特气韵之所在，那就是作为一名文化学者的责任意识，她对国家整体的关爱和敬重远非其他女子所及。与她同时代的女作家们，多是出于人生的曲折多舛，需要文学作宣泄情感的渠道，如张爱玲、萧红。而林徽因笔下的爱情主题诗篇只占少数，写风物、写时光、写生死的笔墨却格外多，这也充分显示了林徽因具有关怀现实的宽阔胸襟和审视历史的深邃目光。

1937 年，应顾祝同邀请，林徽因与梁思成一起到西安小雁塔做维修计划，工作完成后，二人又途经长安、临潼、户县等地考察，后来又顺路来到山西五台山进行考察，正是在这里，林徽因发现宋代建筑雨花宫及唐代建筑佛光寺的建筑年代。

战火中的生存，跌宕中的求生。同年，在前往昆明躲避战火的途中，林徽因写信给沈从文，她说："说到打仗你别过于悲观，我们还许要吃苦，可是我们不能不争到一种翻身的地步。我们这种人太无用了。也许会死，会消灭，可是总有别的法子，我们中国国家进步了弄得好一点，争出一种新的局面，不再是低着头地被压迫着，我们根据事实时有时很难乐观，但是往大处看，抓紧信心，我相信我们大家根本还是乐观的，你说对不对？"

从信中不难看出，即使面临生活的种种刁难，林徽因也始终保持着一种豁达、淡然的心境。在这风雨飘摇的年代，人常常就是活一份信念的支撑，没有信念来维持思想和情感，意志迟早会被瓦解掉。后来，当她笑着向好友们提起那段日子，她的眼光那么安静，那么清澈，如夏日里西湖的湖水一般。

1937 年 11 月，日军炮火南下，梁思成一家被迫南迁。在一次日机对长沙的空袭中，炮弹就在林徽因的身前身后炸开了。门窗、天花板、屋顶全都坍塌了下来，四下飞溅的弹片让林徽因第一次这么真实地感觉到死亡的距离。

然而，战争生活的残酷并未磨灭林徽因对美好生活的追求。她依然四处串门，拜访曾经的旧友，在那些共赴国难的人家中送去关怀，寻求温暖。他们一起围着小炉子做饭，交换彼此的笑声和叹息。

灾难过后，林徽因离开了长沙，几番周折到了昆明。在城东八公里处和梁思成一起，建造了一座农舍。作为邻居，金岳霖就住在隔壁。

这段时间，她一边养病，一边会旧友，日子倒也过得舒心。为了满足家庭开支，林徽因接受了西南联大的英文课教学，然而，在物价飞涨的年代，拿到工资后必须立即购买米粮，否则这份工资只能"缩水"，因为林徽因的收入也只能维持基本的花销。

1944 年，12 岁的梁从诫同母亲谈起日军占领贵州，直逼重庆的战局，问母亲："妈妈，如果日本人真的打进四川，你打算怎么办？"

林徽因毫不犹豫地说："中国念书人总还有一条后路嘛，我们家门口不就是扬子江吗？"

梁从诫急了，又问："我一个人在重庆上学，那你们就不管我啦？"

病中的林徽因万分抱歉地握着儿子的手，小声地说："真要到了那一步，恐怕就顾不上你了……"

作为一个饱受欧风美雨洗礼的女子，林徽因却在大是大非的问题上始终保留着中国古代文人的风骨与气节，这是何等不易。

　　困难的日子里，朋友的帮助总让人记忆深刻。在林徽因的回忆中，费正清夫妇曾通过金岳霖转交给她的一百美元如同雪中的炭火，给了她巨大的支持。贫困、孤独、疾病给这时的徽因带来了极大的苦恼，她在 1947 年作《孤岛》一诗，最能体现那时孤立无援的愁绪：

　　遥望它是充满画意的山峰，

　　远立在河心里高傲的凌笋，

　　可怜它只是不幸的孤岛，——天然没有堰堤，

　　人工没搭虹桥。

　　他同他的映影永为周围水的囚犯；

　　陆地于它，是达不到的希望！

　　早晚寂寞它常将小舟挽住，

　　风雨时节任江雾把自己隐去。

　　晴天它挺着小塔，玲珑独对云心；

　　盘盘石阶，由钟声松林中，超出安静。

　　特殊的轮廓它苦心孤诣做成，

　　漠漠大地又哪里去找一点同情？

　　担惊受怕的日子一直持续到 1945 年，日本宣布无条件投降。

战火后的中华大地，满目疮痍，人民内心的创伤更是难以愈合。战争的洗礼，让每个人都格外珍惜安宁的生活，似乎一切都在渐渐好转。

然而，也是在这一年，林徽因被检查出严重的肺病。面对死神的步步紧逼，林徽因没有胆怯，她淡定地处理着手头的工作，悠然地安排着家中各项事务。她用她的勇敢，她的坚强，戳破了暴风编制的牢笼，戳破了暴雨织成的帘幕，戳破了乌云堆积的山峰，让明媚的阳光一直照射每个身边人的生命。

人们见到她的时候，她始终是美好的，从容的，淡定的，仿佛这世上一切悲伤、痛苦、折磨都不曾与她为伍，仿佛这世上一切灰暗、残酷、忧愁都不曾近过她的身旁。

越是敢于同命运抗争的人，往往越能受到命运的青睐。在身体状况极差的状态下，林徽因以不屈不挠的精神仍然坚持了 10 个年头。

其实很多时候，绝境的厚墙都有暗设通道，被击退的只是望而却步的胆小鬼，当你鼓足勇气，狠狠地扣向那道墙，去呐喊，去敲打，蓦然间闯入眼帘的是坍塌的墙和一个新的世界。强大的自我终会击退所有刁难。

时光荏苒，斗转星移。你记得也好，不记得也罢，伤痕都会在时光的长河里渐渐淡化。也许在某个一闪而过的瞬间，你会想起一些人，一些事，然后莞尔一笑，都罢了。

在养病的日子里，徽因住在一座老宅里。春日午后的阳光斜斜地照射进来，晶莹四射，映到书桌上，像是平铺的一层恬静，给人带来情趣上的闲逸。伴着午后阵阵花香，摇曳花影，和着悠远绵长的琴声，所有的情绪在这一刻都流连忘返，就像她的诗：

这一定又是你的手指，

轻弹着，

在这深夜，稠密的悲思。

我不禁频边泛上了红，

静听着，

这深夜里弦子的生动。

一声听从我心底穿过，

忒凄凉，

我懂得，但我怎能应和？

生命早描定她的式样，

太薄弱，

是人们的美丽的想象。

除非在梦里有这么一天，

你和我，

同来攀动那根希望的弦。

人生最后的璀璨

如今，站在天安门广场的中轴线上，向北看，天安门广场城楼上的国徽庄严肃穆，向南看，人民英雄纪念碑的浮雕矗立在广场中心。每天数以万计的行人和车辆在它们的注视下川流而过，但很少有人知道：这两件作品，都凝聚着林徽因的心血。

生命的式样无法重来，能够握在手中的却可以不断丰富。林徽因就是一道美丽的晚霞，在生命的最后时候尽情挥洒着激情，展示着别样的精彩。太阳将落未落，月亮将升未升，星星刚崭露头角，偏偏晚霞，在日月同辉的时刻担任着天空的主角，演绎着属于自己的最后一幕戏。

1949 年，林徽因被聘请为清华大学建筑系教授。即使在生命的最后几年，她也在用自己的方式不停歇地创造生命价值实现的无限可能。这美丽来得短暂却难忘，也是在这一年，她参与了中华人民共和国国徽的设计工作。

这样一位柔弱的江南女子，身体里却蕴含着巨大的能量。国徽设计中的许多理念都是她率先提出并制成草图的。在林徽因的设计理念中，非常重视细节与整体的关系，她多次强调应分清国徽与商标的区别，在意义上要代表国家和民族，在使用中要方便印刷和刻章。

林徽因团队的精心设计最终使他们的方案在政协会议上脱颖而出，并被周恩来总理亲自确定为正式国徽。那天受邀出席大会的林徽因眼里闪着激动的泪光。

1952 年，抱病的林徽因又被任命为人民英雄纪念碑建筑委员会委员。由于参与主持这项工作的都是各行各界的翘楚，建筑学家、工程专家、雕塑家、美术家、历史学家纷纷出言献策，有人主张应将纪念碑建成欧洲古典的"纪念柱"，有人提出应采纳埃及"方尖碑"样式，一时间设计思想得不到统一。

　　林徽因和梁思成非常担心天安门前建筑群的和谐感会被这样的一座建筑所破坏，因此他们收集了古今中外许多纪念性建筑的资料，经过反复比较、讨论，绘制了一张又一张草图。最后得到比较满意"须弥座"设计方案。

　　1952 年，在郑振铎主持召开会议中，决定采用梁思成的建议，建成我们现在看到的"建筑顶"。当梁思成负责纪念碑整体的设计时，林徽因负责纪念碑基座上的花圈、花环等雕饰图案设计。

　　她对世界各地区的花草图案进行了反复对照、研究，描绘出成百上千种花卉的图案，有时是一朵花，有时是一片叶，还有灵感来时匆匆勾出的草图，就像一个乐句，几个音符。她笔下灵动的画稿如同昔日写下的灵动诗句一样，让梁思成爱不释手。

　　在成千上百的花卉图案中林徽因最后选定以橄榄枝为主体的花环团和以牡丹、荷花、菊花组成的花卉图案，以此寄托人民对和平的向往以及对革命烈士的怀念。后来，这些图案雕刻在人民英雄纪念碑上，宛如华美的乐章，给威严的碑座带来灵动的温情。

病中的她身上再也看不到昔日的风采，但她的好友金岳霖每天下午3点半，雷打不动地会来林徽因家看望她，或是为她递上一块蛋糕，或是为她端上一杯清茶，抑或是为她读几页书，然后和家中的小孩愉快地玩耍。

林徽因的身体越来越不好，梁思成却依然尽心尽力地照顾着妻子。无论是静脉注射还是肌肉注射，梁思成早已技术精湛，甚至和护士们不相上下。这都是梁思成多年照顾林徽因练就的本领。

林徽因早年切除过一只肾，有时常常会发无名火，而梁思成总是不温不火，耐心安抚。后来，林徽因肺部大面积感染，高烧不退，被送进同仁医院治疗。当梁思成被扶到医院，站在爱妻病榻前的他早已失声痛哭，最终反复念叨着："受罪呀，受罪呀，徽你真受罪呀……"

1955年4月1日6时20分，林徽因病逝于北京，享年51岁。她的遗体被安葬在八宝山革命公墓，墓碑下有一块刻着秀丽花圈的汉白玉——这是她曾经为人民英雄纪念碑试刻的一个样品，人们把它作为一篇独特的无字墓志铭，奉献给它的作者——林徽因。

　　在 4 月 3 日的追悼会上，金岳霖把他对林徽因一生的爱慕和尊敬浓缩为一句话，写出了"一身诗意千寻瀑，万古人间四月天"的著名挽联。是的，她身上有光，所以一直走在人群的最前端。

　　轻轻地，她来了，静静地，她走了。在人们心中林徽因永远是最美的样子，淡淡的笑容，清澈的眼神，无不令人动容。她的心，是坚定的，勇敢的，她的灵魂，是强大的，包容的，林徽因是值得人们爱的，不仅因为她的容貌，更因为她的灵魂。

卷八

纤笔一支谁与似——丁玲

相识石头城

风云变幻的时代，在无限发展可能的人事变动中熊熊燃烧着新鲜的力量。1904 年 10 月 12 日，在常德安福的一处望族家庭一位女婴呱呱坠地，为其家人带来了无限欢欣。谁都想不到，彼时襁褓中的这位女孩儿会是后来影响中国现代文学历史上的重要人物。

从 1904 年到 1986 年，在丁玲八十载的生命历程中深蕴着数不尽的爱恨情仇，作为游走在新时代前沿的新女性，她始终以独特的方式表现出独立光辉的人格特色，成为性情坦荡之至的传奇女作家。

丁玲，原名蒋伟，在度过 4 年无忧无虑的童年生活后，开始面对人生的冷酷。

1908 年，曾赫赫有名的望族蒋家，屋里停放着主人病逝的棺木。大厦将倾，覆巢之下无完卵。一身缟素的夫人被讨债的各路亲友纠缠着，四岁的小女孩号哭震天。幼年丧父，人情凉薄，多年后，漂泊的女子仍惊惧于当日的惨白与阴寒。

丁玲的父亲曾留学日本，为人慷慨仗义，母亲则仰慕新学，是独立自强的新时代女性。在丈夫病逝后，其母不顾族人反对，毅然带着子女踏上了求学的道路，最后还自己办学教书。耳濡目染下，丁玲自然也有着一种超然的姿态。她不仅豪爽仗义，追求新学，在对待感情时，也极为磊落大方。

1923 年春天，丁玲和王剑虹来到南京求学，在这里，王剑虹与瞿秋白相恋并结婚。一直暗恋瞿秋白的丁玲感到孤独，于是只身流浪到北京。1924 年，丁玲在北京偶然结识了《民众文艺周刊》的编辑胡也频，殊不知，这次相识却成了他们日后的感情之源。

当时的胡也频还是海军学员，在一次聚会上正值盛年的男子遇到了妙龄少女，迷蒙春心荡漾不已，一眼定情的相望让胡也频不可自拔地爱上了丁玲。

他开始有意识地了解打探所有关于丁玲的消息，在得知她的弟弟不久前刚夭折，胡也频便为丁玲送去了满满一盒黄玫瑰，并在花中夹了一张纸条，亲切地写道："你又有一个弟弟了。"他本想尽自己的力量缓解丁玲的丧亲之痛，可此时的丁玲心绪低落，对胡也频也无特殊的情感，纸条放在一边，也就过去了。一次的失意并没有让胡也频就此放弃，他默默审视着这位特别的女子，越发欣赏她的孤傲清灵。

由于生活窘迫，1926 年夏天丁玲回到湖南常德，胡也频也追随其脚步来到了湖南。这天，对丁玲心仪已久的胡也频叩开了丁玲家的大门，丁玲非常惊讶地看着这个"只见过两三次面的、萍水相逢、印象不深的人"。一个女子正处于孤单寂寞的境地，男子如此暖心的举动让她感到一种从未体会过的幸福感，丁玲对胡也频的这个举动大为感动，连带着对他也产生了几分好感。

从此，胡也频便与丁玲走近了。接触中，丁玲了解到彼时的胡也频已放弃了在天津大沽海军预备学校的军校生活，选择了与之反差很大的文学道路。在情感与思想都极大解放的时代，曾在阅读生活中积累下的罗曼蒂克幻想在丁玲心中悄然滋长，她心中的爱情大门也自然而然地就对胡也频打开了。

初恋的时光总是那样快乐，据丁玲回忆，那段时间，"他一天到晚，似乎充满了幸福的感觉，无所要求，心满意足，像占有整个世界一样那么快乐。"不久，丁玲与胡也频结伴重返北京，度过了一段犹如"漂泊者"般的自由文人生活。丁玲也迎来人生第一个创作高峰，在《小说月报》中发表的《莎菲女士的日记》令她蜚声文坛。

这对小情侣度过了一段甜蜜的时光，他们相处的生活里也总是充满了无限趣事。他们住在山上，胡也频有时下山采买物资，丁玲也会与他一起，一刻都不愿离开。有一次他们下山的时候，竟然踩进一个泥潭，陷于其中无法自拔。沉浸在爱情中的两人并没把这一突发事件看作不快，索性随遇而安，相伴在泥潭里面看起了星星。只要是与爱人在一起，那些甜蜜温馨的瞬间在生活中俯拾即是。

爱情赋予了他们对彼此的信任，也给予他们互相鼓励的勇气，这样的爱情深深影响着丁玲，致使在她之后的生活中不管遇到怎样的困难，都以一种淡然美丽的姿态对待一切考验。

如果这段感情能就如此发展下去，也许是不错的，但命运的意外总让人唏嘘。

当日本借着明治维新插上腾飞的翅膀时，华夏大地正饱受硝烟炮火的摧残。风起云涌的时代里，众多的中国热血文学青年希望通过变革拯救祖国，于是去日本留学成了一股潮流。

身处文学圈的丁玲自然也潜移默化地受着这种影响，登上了东去的轮船，日本留学的契机让另一个男子走进了她的生命。

初到日本的丁玲人生地不熟，在好友的介绍下，她认识了一个"业余"的日语老师，这个人就是冯雪峰。冯雪峰并没有系统地学习过日语，只是借着在清华大学旁听的机会，会一点"三脚猫"功夫，但对毫无日语基础的丁玲来说，这已足够。

第一次见到冯雪峰，丁玲是失望的。在她的想象中，冯雪峰应该是白白净净，斯斯文文，戴一副细框的金丝眼镜，着一身月白长袍的书生。但眼前的男子土里土气，像个乡下人。

不过这种"初次印象"在接下来的交往中很快发生了改变，频繁地接触使丁玲渐渐发现了冯雪峰内在的个人魅力，这位风流倜傥的才子越发引起了丁玲的好感。他们分享着各自的文学理念，又常常坚定革命信念，不经意间两人都意识到，一种奇妙的火焰正在熊熊燃烧。

此时丁玲虽然与胡也频保持着密切的情侣关系，但对于冯雪峰，她却有着不一样的感受。一边是对自己苦苦痴恋的胡也频，一边是才华横溢与自己心灵相通的冯雪峰。游走在不同性格的男子之间，丁玲十分痛苦。

最终丁玲与胡也频走在了一起，冯雪峰孑然一身地走了。至于缘何最后做出这样的决定，据后来丁玲回忆，她选择胡也频的原因是胡也频没有她会活不下去，为了能让胡也频"活下去"，丁玲只能"忍痛割爱"，放弃了冯雪峰。说到底，也许是因为冯雪峰没有胡也频那么爱她吧。

1925年，胡也频与丁玲结婚，1928年底，两人又共同来到上海从事进步的文化工作。在上海的一座福州风格的民居中，两人度过了美好的时光。后来，他们与沈从文一起创办红黑出版社，编辑出版文艺期刊《红黑》，不久后出版社倒闭。

为了还债，胡也频接受了山东省济南市省立高中的教书工作，一个月后，不能忍受相思之苦的丁玲也来到济南，穿着时尚的她立刻在省立高中的师生间一石激起千层浪。

当时正在山东省立高中读书的国学大师季羡林后来回忆道："丁玲的衣着非常讲究，大概代表了上海最新式的服装。"当时的济南，还是相对闭塞淳朴的，丁玲的到来就像飞来的金凤凰，在没有见过世面的学生眼中，她就是最耀眼的一道风景。

丁玲则在这次见面中这样回忆着自己的丈夫："也频完全变了一个人。我简直不了解为什么他被那么多的同学拥戴着。天一亮，他的房子里就有人等着他起床，到深夜还有人不让他睡觉。他是济南高中学校里最激烈的人物，他成天宣传马列主义，宣传唯物史观，宣传鲁迅与雪峰翻译的那些文艺理论，宣传普罗文学。我看见那样年轻的他，被群众所包围、所信仰，而他却是那样的稳重、自信、坚定，侃侃而谈。"

然而好景不长，在国民党眼中胡也频的文学活动早已成为政治活动，不久，胡也频遭到通缉，被迫返回上海。1931 年 1 月 17 日上午，在上海出席第一次全国工农兵代表大会预备会议的胡也频因叛徒告密在旅社的 31 号房间被公共租界巡捕房逮捕。当天晚上，丁玲也是在这个地方，苦苦等着丈夫的归来。

第二天，丁玲出门寻找丈夫，傍晚，当她拖着疲惫的身躯回到家后，同样外出寻找胡也频的沈从文也回来了。他们商量后决定请胡适、徐志摩写信给蔡元培，设法让当局放人。紧接着，沈从文又独自去了南京，找邵力子想办法。邵力子写信给上海市市长张鲜，请求斡旋。

胡也频则在狱中多次托人秘密带信给丁玲，说自己绝对不会投降。他还要求丁玲多寄些稿纸给他，这样他才方便在狱中继续写作。

然而所有的努力都无济于事，这件被视为"重大案情"的事件，当时由蒋介石亲自过问，所有的营救工作都难有进展。1931 年 2 月 7 日，国民党上海龙华淞沪警备司令部后院的龙华塔下枪声阵阵，胡也频与"左联"盟员柔石、殷夫、冯铿等五位左翼青年作家被机枪扫射，胡也频身中 3 枪，时年 28 岁。

后来，沈从文从徐志摩那里借了路费，以"丈夫"的名义，冒着生命风险护送丁玲母子回到老家湖南避险，一路上困难重重，待沈从文回来后，早已耽误了返校的日期，丢掉了赖以为生的教职。

  胡也频的突然离世给丁玲打击很大，她变得消沉且落寞。她曾如此坦露当时的心情："在双龙路附近的一家三层楼的正房里，只剩我一个人，孤独地冥想着流逝了的过去，茫茫地望着天边的未来。天是灰沉沉的，四周是棺木一般的墙壁，世界怎么这样寂静，只有自己叹息的回声振颤着我的脆弱的灵魂……""我坐着，痴痴的；躺着，闷闷的；在马路上走着，心像被狂风卷起的落叶又被抛下。我写过一篇小说《从夜晚到天亮》，那是我自己这段生活的写照。"

情感历练中的精神涅槃

胡也频的离世让丁玲进入感情的低谷期，身边朋友们无私的帮助又让她略感宽慰。也是在这时，丁玲的第二任丈夫悄然出现在她身边。

胡也频牺牲后，史沫特莱想对丁玲做一个采访，丁玲需要一个翻译，于是 26 岁的冯达就这样与丁玲相遇了。冯达住在丁玲楼下，因此常常去看望丁玲，和她一起看朋友，买东西，出去散心，陪伴身心疲惫的丁玲度过了一段难挨的时光。

面对冯达如此精心的呵护，丁玲感到一种被保护的满足感，1931年 11 月就同冯达同居了，这时的丁玲也找到了自己的革命信仰，从事着抗日的地下活动，冯达当时则是一个报纸的主编。他们过着平静的日子，然而这看似没有波澜的生活下面又暗藏杀机。

1933 年 5 月 14 日，冯达已经预感到近期被特务盯上了，在离家之前，他告诉丁玲，"12 点钟要是我不回来你就赶紧离开。"果然，冯达一出门就被特务跟踪，为了留给妻子脱身的时间，他一直四处兜转，尽力拖延着，等 12 点之后才回到家。

然而，当他回到家中却发现不仅丁玲还没有离开，他的三个同事也在家中。对此，看到丈夫和特务同时出现在家中的丁玲这样回忆道："他一看见我和潘梓年，猛地一惊，然后就低下头。我心里想，难道是他出卖了我们？"

就这样，带着被冯达背叛的认知，丁玲开始了长达三年的牢狱生涯。而她对于冯达的行为也无法原谅，这段恋情就这样匆匆画上了句号。

丁玲的一生虽与多个男人纠缠，从甜蜜相恋到悲痛分手，从幸福婚姻到天人永隔，而唯有与陈明的爱情，是从人间百味中筛拣出真爱的滋味。

年少时总是深陷在王子与公主的童话故事里不能自拔，希望有朝一日能遇到一位能够为了自己奋不顾身的真命天子。与胡也频的结合让丁玲一度陷入甜蜜的爱情神话中，与冯雪峰之间的感情让丁玲陷入了自我矛盾的困惑之中。年轻时的丁玲也曾踌躇在爱与被爱间，在情感的旋涡中徘徊。

搞文学创作的人往往思想独特，自视甚高。一千个读者就有一千个哈姆雷特，一千个文学青年就有一千个思想者。要想在茫茫的文学青年中找到一个心灵契合的异性精神伴侣，是多么难能可贵。只是横亘在爱情面前的还有现实，阴差阳错的时空总是让缘分悄然滑过，最后两人也没能走在一起。

当冯雪峰需要丁玲时，丁玲身边有胡也频，当丁玲终于可以和冯雪峰重修旧好，冯雪峰身边却另有他人。两个人总是在彼此追寻中错过，惶惶让人生出一种君在我未及、我至君已去的感慨。或许没能在一起的爱情往往才是最美丽的，将一切可能留予想象，将一切过往留予记忆。

各种观感在文学青年的笔下无限放大，并用各种方式表现出来。

然而与冯雪峰的故事不过化作了手中薄薄的几张纸，化作了纸上斑斓的文字。如梭岁月里残留的爱情在以后的许多年中都隐约闪现着点点星光，在那一年冬天，窗外飘着大雪，蜡梅盛放甚为喜人，丁玲却看着茫茫的天空喃喃自语："当年雪峰死的时候也是这样。"

遥想当年，胡也频被害，冯雪峰又拒绝了丁玲，万念俱灰的她正是在冯达的照顾下走出阴霾。而如今，那个与她朝夕共处的人竟背叛了她。他们之间本就脆弱的感情随着丁玲的被捕戛然而止，冯达的背叛也让丁玲的感情观发生了巨大转变。从前的丁玲虽然犀利但是还带有几分少女的天真，经过冯达的背叛事件和牢狱生涯的洗礼后，她的感情和精神都在磨炼中升华，犹如凤凰涅槃般走向了新生。

丁玲坐牢的三年里，她音讯全无，很多人甚至以为她早已壮烈牺牲，伤痛之余纷纷写信悼念她。冯雪峰为了她常年各处奔走，将他们往来的书信和丁玲的散文出版，为营救丁玲造势。

终于，在 1937 年丁玲结束了她长达三年的牢狱生涯，被送到了中央革命根据地陕北。饱受牢狱之灾的她并没有向现实低头，依然保持着高昂的革命斗志，中央领导也非常重视她的到来，毛泽东甚至为丁玲写了一首《临江仙》：

> 壁上红旗飘落照，
>
> 西风漫卷孤城。
>
> 保安人物一时新。
>
> 洞中开宴会，
>
> 招待出牢人。
>
> 纤笔一支谁与似？
>
> 三千毛瑟精兵。
>
> 阵图开向陇山东。
>
> 昨日文小姐，
>
> 今日武将军。

这首词不只是对丁玲文学成就的认可，更是对她的巾帼不让须眉的佩服，能够得到毛主席"纤笔一支谁与似？三千毛瑟精兵。"如此高的评价，丁玲是第一人。手中之笔慷慨书写，其威力竟可以抵上三千训练有素的精兵，可见当时中央领导人对她的重视。这首词同时也标志着丁玲从以前提笔书写意气转变为加入政治洪流，实现了从一位女性进步者到一个无产阶级的革命女战士的转变。

也是在这个地方，丁玲邂逅了将和她度过余生的人——陈明。

1937 年，延安文艺界为纪念高尔基逝世一周年，举办了一场文艺演出。在观看话剧《母亲》时，丁玲被舞台上饰演巴威儿的英俊少年深深吸引。当时，丁玲 39 岁，陈明 26 岁，年龄差距的悬殊让陈明有些退缩，丁玲却爱得热烈。

有一次陈明和丁玲聊天，问丁玲："主任，你也要考虑一下你的婚事了吧？"没想到丁玲反问一句："那你觉得我们合适吗？"

丁玲像个霸道的小狮子，逐渐俘虏了陈明的心。这期间，有人想过撮合丁玲和彭德怀。丁玲思考了良久，以这样的理由婉拒了："我仔细地思考了，我们之间差距太大，不合适。"至于怎么不合适，她并没有再说。

面对强大的现实压力，丁玲与陈明的感情被理智牵绊着，两人之间的爱意被强烈地压抑着。然而，从新文化氛围成长起来的丁玲对爱情一直有一种超然的坦率之姿，蠢蠢欲动的爱恋让她重新找回了生命的蓬勃生机，她愿意与陈明一起克服来自各方的压力，用行动来说明自己的决心。

　　丁玲坚定的态度鼓舞了陈明，1942 年，在战火纷飞的环境里丁玲和陈明之间却开出娇艳的爱情之花，他们在一个窑洞里面秘密地结婚了。那场婚礼不算婚礼，没有喜宴，没有祝贺，没有烦琐的仪式，却又是最好的，只有他们两个人，在别人的流言蜚语中优哉游哉地过起了自己的小日子。

　　丁玲与陈明不仅是情感上的伴侣，还是事业上的伙伴。丁玲后期写的文章手稿上都能看到改动的痕迹，多半都是陈明的笔迹，到了晚年丁玲也毫不避讳地说：“别人都知道我是个作家，但是没有人知道，我们家还有一个改家，这个改家指的就是陈明。”

　　丁玲的后半生都是和陈明相伴度过的，这期间他们风雨与共，被批判，入狱，他们的爱情也经受着最严酷的考验，但他们都坚持了下来，不离不弃，相伴到老。直到丁玲还剩一口气的时候，她还向陈明要了一个吻，方才闭上了眼睛。

徜徉在文学天地里的金星

丁玲与陈明的爱恋，是另一扇窗户里的另一种风景。激流在山谷穿行，一路上穿山越岭，交汇时它们高高跳起，遇到地下河段又悄悄潜行，最后一路不停奔涌到平静的大海。

丁玲的一生跌宕起伏，暗潮汹涌后最终总会回归平静。在这宁静的港湾里，丁玲只愿在陈明身边停靠，与其说他们之间的感情是疯狂的爱恋，不如说他们之间亦亲人亦朋友亦情人。过尽千帆后丁玲对爱情已没有最初的不顾一切，陈明在合适的时间成了那个对的人，而丁玲和陈明之间互为的爱与宽容成就了他们的幸福永恒。

虽然陈明个子比丁玲小，但是他在最艰难的时候依然站在了丁玲的身边为她遮风挡雨。风雨兼程携手五十载，这份甘苦共度，共同进退的气度不是每个人都能够拥有。他们之间半个世纪的相守成为丁玲坚实的后盾，即使在绝望的环境下也没有让她放弃乐观，并且鼓励着她怀着巨大的热情创作出一篇篇的优秀文学作品。

一个人的一生写成薄薄的一本书，无论你阅读得快或者慢，终会翻完。文学、爱情和政治是丁玲一生的三个主题。每个人作为一个独立的个体来到这个世界又离开这个世界，终会留下些纪念。

丁玲的一生，追求文学与爱情，投身理想与革命，和同年代的张爱玲、林徽因相较，革命情怀占据了她的大部分人生。

1928 年的 2 月，丁玲发表了她的成名作《莎菲女士的日记》，就像文章标题一样，这本书以日记的形式记录了莎菲女士的感情生活。

翻翻现在出版的《莎菲女士的日记》，封面女郎基本上都是丁玲，每当出现这个封面，都会让人忍不住想到，这会不会其实是暗示，暗示了丁玲在用另一种方式进行潜在的自我书写。

胡也频就像是日记中的苇弟，只不过现实中的胡也频千里求爱感动了丁玲，他们真真切切地走到了一起。而日记中，苇弟始终求而不得。也许，在丁玲的内心深处，她对胡也频的感情也是这般复杂吧。

后来，冯雪峰的出现激起了她心底那份隐秘的想望，现实中的束缚让丁玲压抑，无法抒发心中的火热冲动，于是借着手中的笔，她把自己的诉求大胆地描写下来，"假使他这时敢拥抱住我，狂乱的吻我，我一定会倒在他手腕上哭了出来：'我爱你阿！我爱你阿！'"

也曾偷偷想过那"说不出捉不到的丰仪"煽动着自己的心，她用一种小儿要糖果的心情望着那两个鲜红的细腻的惹人的嘴角，觉得自己强烈地想要把嘴唇贴上去，面对着现实中不敢宣泄的压抑，她借由着笔下的莎菲女士来进行实现。

丁玲的《莎菲女士的日记》毫不做作地将女性恋爱中的幻想与激情，纠结与退缩描写得淋漓尽致，一经发表就引起社会各界的关注。

读者总是在作家的文章里面掉自己的眼泪，作家同样是将自己的感情倾注在自己的作品中。后来丁玲又创作了《莎菲女士日记第二部》，在书中，莎菲女士与一名文学青年同居生子，当她读着爱人的新作时，爱人已经秘密地被枪决了，与生活重叠度如此高的情节似乎暗合了某些人的猜想，丁玲在用文学的方式书写人生。

胡也频死后，丁玲的心态也发生了一定的改变，国民党对知识分子的残害让丁玲认清了现实，开始从事无产阶级革命事业。经过多年的革命斗争沉淀，1948 年她的小说《太阳照在桑干河上》初稿完成，这部小说区别于她前期的小说完成了她从儿女情长向革命斗争的转变。

《太阳照在桑干河上》在 1951 年获得了斯大林文学奖，丁玲成了获此殊荣的第一个中国人，作为女性作家的丁玲凭借这部作品在中国当代文学史上占据了极其重要的位置。也是这部作品，将丁玲和同时代的其他女作家区分开，让她成了一个令人佩服的传奇。

在《太阳照在桑干河上》这部小说中，爱情的书写渐渐在时代大潮中弱化，被崭新的政治性叙述所取代。这部小说紧扣当时的形势，围绕着土地改革讲述了一系列小人物的故事。丁玲从一个小资怀春的女作家蜕变为一个坚定的革命战士，正如毛泽对她的评价那般："昨日文小姐，今日武将军。"

　　再看同时代的其他奇女子，才华和美貌没有让她们度过这个残酷的岁月，萧红满腹才华却红颜薄命，没能看到新中国的诞生，张爱玲作为一个出色的女性作家，却更关注小人物之间的爱恨情仇，杨绛一生与钱锺书相伴，对于革命却不像丁玲这般活跃。每个传奇的女性总是会有自己独特的一面，而丁玲正是用她的革命热情成就了自己一生的丰碑。

巾帼女子的豪士情怀

除却这些，丁玲还是一个女性主义者，她一直坚持着女性的解放事业，实践着她的理想。前面提到，丁玲的母亲也是个传奇的女子。在那个对女子百般限制的时代，母亲可以义无反顾地摆脱枷锁。父亲去世得早，是母亲用瘦弱的身躯为她撑起了一片天，母亲的一言一行也深深影响着小丁玲。

后来，丁玲也到了上学的年龄。只有在学校中，她才是真正自由和快乐的。女子中学的上空总是盘旋着少女恣意爽朗的笑声，青春满溢，丁玲有时也会倚在二楼宿舍窗边，打望着沅江的碧水清波和江上的渔船，船夫号子声惊破了水面，又被荡漾开来，吸进了旋涡之中。

但更多时她都是在盼着，沅江给她送来她活力四射、充满魅力的九姨——向警予，与母亲同窗的好姐妹，这个女界的风云人物，每次来都与母亲相聊甚欢，也会带来更多的新思想，新事物，新动向。

向警予进取的思想，大胆爽直的言行直接影响了丁玲，这一切也促使丁玲做出了选择，在文学创作上风格趋向刚健明朗，在革命道路上越走越远。她甚至觉得姓氏都是封建制度的残留物，索性就随便选了个最简单的丁，又选了个玲，从此丁玲就叫开了。

这种思想也深深根植在她的作品中，从《我在霞村的时候》里身心俱疲的贞贞到《在医院》里处境艰难的陆萍，都是在绝望的时候发现新的曙光，从此走上光明的道路。丁玲在她的作品中对封建礼教大力抨击，热情赞美妇女追求个性自由婚姻自由，女性主义意识也初显锋芒。

20 世纪三四十年代的中国面临前所未有的危机，列强的入侵、封建礼制的崩溃和新思想的涌入等让原本懵懵懂懂的女性纷纷觉醒，开始追求自身的发言权。随着女性接受教育的普及以及更多新思想的涌入，"女性主义"这个概念也开始被众多中国女性所熟知接受。

越来越多的女性在沉默中不甘发声："女子并不比男子差，古有花木兰代父从军，今有众女子投笔从戎。"丁玲就是众女子中的一个。在她的身边，"女子"不是一个柔弱的代名词，相反她们独立坚强，追求自由，追求精神的自由和解放。

丁玲的作品多以女性作为主角，从她的处女作《梦珂》到《莎菲女士的日记》，她笔下的女主角都拥有大胆放纵的个性，热烈积极追求自己的新生活，爱情至上。

在经过一系列生活沉淀后，她的关注点也慢慢发生了转移。她开始从早期以表现知识青年的苦闷和追求向反映人民群众的革命斗争之路发展。丁玲在加入"左联"后不久，就面对着革命和爱情的抉择，最终丁玲还是选择了革命。

在《韦护》这篇小说中，丁玲也选择让革命战胜了爱情。

小说的男主人公韦护是一个投身革命的有识之士，他被丽嘉的美貌与肉体所吸引，与她山盟海誓。而激情褪去以后，又常常埋怨丽嘉消耗了他的革命斗志，最终离开了丽嘉。可怜的丽嘉在韦护离开之后，痛定思痛决定做出一番事业来。

在《一九三零年在上海》第二篇中，丁玲也描写到革命者向着情人玛丽抱怨她使他痛苦摇摆不定时，玛丽终于呼喊出了众多女性的共同心声："我使你痛苦吗？笑话！是你使我痛苦呢！"

在丁玲的这些作品中，男人们都口口声声追求着革命，然而，当他们在感情中一醉不起时，他们首先想到的是埋怨爱侣，女性在男性的眼中依然是一种依附一种拖累，当女性挡在了现实和理想之间，男人总是毫不犹豫的抛弃了女性。而丽嘉和玛丽在男人们作出选择离开之后也愤然反击，在思想行为上都慢慢实现了沉溺爱情的小女人向时代新女性的觉醒，而这也是丁玲所鼓励倡导的。

1936年以后，丁玲在陕北更是继续坚持文学创作，她在《新的信念》里讲述陈老太婆在日本鬼子的扫荡之后并未像传统妇女一样忍气吞声，而是大胆地向人们讲述这些惨无人道的蹂躏和痛苦，以此唤起人们对仇人的仇恨和斗争激情。而乡亲们也没有像以前一样议论饿死事小、失节事大，纷纷举起手中的武器，产生了杀敌报仇的"新的信念"。

《我在霞村的时候》则着重讲述村民们的愚昧。贞贞在遭受了日军的奸淫后，被我军指派做日军妓女刺探情报，牺牲了自己的贞操与健康。但是她的付出却没有让她得到相应的回报。回到家乡的她备受乡亲的侮辱和贬斥，在乡亲们的眼中贞贞是没有廉耻的淫女，但在读者看来贞贞是"那么坦白，没有尘垢"。

更为讽刺的是，贞贞的名字取"贞洁"中"贞"字，身体却污秽不堪，这种反差更像是丁玲发出的质问，贞贞也许是身体上的不贞，但是你们呢，你们的心灵比之于贞贞，称得上"贞"吗？在这段时间，丁玲的女性主义转向对饱受折磨的女性内心进行探讨，在身体的痛苦之下致力于展现心灵的解放。

全国解放后，丁玲发现男女之间的不平等并没有因为平等制度的建立而消除。她敏锐地抓住这一主题，再次将矛头指向这些现象，呼吁女性的彻底解放。

《在医院中》陆萍怀着巨大的热情想要在医院中发挥自己的光和热，但是老革命的院长对于女同志的漠视却让陆萍意识到女性仍然备受歧视。丁玲含蓄地指出，虽然法定的平等高高悬在头顶，但是男女之间几千年的差异并没有因为革命发展、阶级消失就消散无形。丁玲则希望这种情况可以通过努力得到进一步的改善。

在丁玲之后，千千万万的女性仍然受到她的鼓励大胆发声，表达自己的诉求，丁玲的魅力闪耀在光辉的历史上。

冯雪峰曾经写过一首诗，现在读来倒像是为丁玲的人生做了一个寓言。他这样写道：

憔悴的花影倒入湖里，

水是忧闷不过了；

鱼们稍一跳动，

伊的心便破碎了。

被拒绝者底墓歌

他死了，人把他葬在山里，

连他底幽恨葬在一起。

小山底脚下，靠着衰林，

是他底坟儿，低低的。

他底爱情未曾死；

也有春风在墓头吹来荡去。

只是那无情的樵女们

清丽的歌声，却总隔着林儿的。

将有一天，他以未死的爱情，

在墓上开放烂漫的花；

春风吹送出迷人的幽香，

他不能忘情的姑娘会重新诱上。

等她姗姗地步来撷花的时候，

花刺儿已把她底裙裳钩住了。

呵，他将钩住不放，

等她业已懊恼了。

凝视

你究竟是谁呢，这样光彩，这样晶莹？

或者就是你，希望？还是你呢，光荣？

就是你自己么，永远美光奕奕的生命？

那么，你并没有离开我，

你们都并没有离开我！

唉唉！怎样的虔诚的骄傲，

更是怎样的骄傲的虔诚！

好像大风刮过保育的大野，

是你对着我呵；

好像农夫弯着腰，

扶起被风吹倒的作物，

是我对着你呵。

那么，你并没有离开我，

你们都并没有离开我！

丁玲的一生明丽而热烈，对感情都是毫不避讳，凡是她认定的，必积极追求。认同外界设限其实就是自我设限，她从来无视做窈窕淑女，只能相夫教子这类社会规则，率性而为，敢想敢作才能真正寻得来智慧，而自由，平等，智慧，是爱情的前提和必需。

她恰似一个临水照花人，在感情的湖面寻寻觅觅，偶尔划开这片澄澈，想要抓住那美好。有时候抓住了美丽的鹅卵石，抓在手中爱不释手，一不留意又重新跌入了湖中，泛起一阵阵的涟漪。有时候也抓到一个螃蟹，被重重地夹了一下，痛得缩回了手。虽然感情被拒绝没有开花结果，但是总会有其他的慰藉抚慰她。这些激荡的灵魂都保存在记忆的书页里，铭刻成不朽的丰碑。

　　颠沛浮沉之中，丁玲像一位叛逆的女将军，偏要去开拓自己的一片疆域，就连自己的幸福，她都牢牢抓在手上，掌握节奏而不是选择听天由命。

　　烟雨飘摇，直至耄耋，红颜易逝，传奇未殇。

后　记

一直觉得民国女子有着不可复制的韵味和雅致，新潮又传统在那个时代演绎着属于自己的传奇，写完她们的故事更是对这些"女神"级别的人物深深着迷。

这些女子风华绝代，彪炳岁月，在世人的"庸俗论"中成就了自己的"小时代"。岁月让年华飘零，历史却让才情沉淀，挑战命运的勇气与担当在当今社会中仍然是难能可贵的一种精神。

站在新的历史节点，民国女子以其高标独立，令人忆念难忘。历史是一面镜子，通过回眸这些民国女子，可以重新荡涤心灵，滋润心田，进而得到新的启示。也是基于此，我把目光聚焦于她们。

其实，不管是杨绛之淡然，吕碧城之笃定，还是陆小曼的随性，说到底离不开两个字，底气。女人有了底气，这辈子就不缺什么了。希望这本书能给你底气，教会你做一个靠谱而任性的女子。

图书在版编目（CIP）数据

等待一场姹紫嫣红的花事：那些民国才女的传奇人生 /
谷盈莹著 . 一北京：现代出版社，2016.5
ISBN 978-7-5143-4433-2

Ⅰ.①等… Ⅱ.①谷… Ⅲ.①散文集 – 中国 – 当代
Ⅳ.① I267

中国版本图书馆 CIP 数据核字（2016）第 000904 号

等待一场姹紫嫣红的花事：那些民国才女的传奇人生

作　　者	谷盈莹
策划编辑	赵海燕
责任编辑	赵海燕
出版发行	现代出版社
通信地址	北京市安定门外安华里 504 号
邮政编码	100011
电　　话	010-64267325　64245264（传真）
网　　址	www.1980xd.com
电子邮箱	xiandai@vip.sina.com
印　　刷	三河市南阳印刷有限公司
开　　本	890mm×1240mm　1/32
印　　张	8
版　　次	2016 年 5 月第 1 版　2016 年 5 月第 1 次印刷
书　　号	ISBN 978-7-5143-4433-2
定　　价	35.00 元